Telekinese für Anfänger

Beispiele, Versuche, Anleitungen und Modelle

Inhaltsverzeichnis

1.   Bewegen von Gegenständen ohne Berührung

Spätestens seit den „Star Wars"-Filmen ist Telekinese den meisten Menschen wieder ein Begriff – oder zumindestens haben sie ein Bild davon, auch wenn sie diese Bezeichnung vielleicht nicht kennen.

Das Bild, daß in „Star Wars" von der Telekinese gezeichnet wird, ist jedoch nicht so ganz zutreffend – nicht, daß Telekinese unmöglich ist, aber sie unterliegt anderen Prinzipien.

1. a)   Der grundlegende Telekinese-Versuch

Um sinnvoll über Telekinese reden zu können, also über das „Bewegen von Gegenständen durch den Willen" muß man es erlebt haben – nur dann weiß man, daß es das, worüber man gerade spricht bzw. liest und nachdenkt, auch tatsächlich existiert.

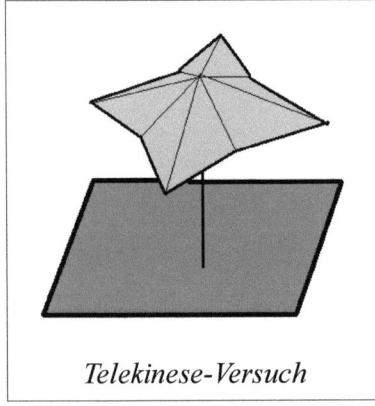

Telekinese-Versuch

Glücklicherweise gibt es eine einfache Telekinese-Übung. Für diesen Versuch braucht man ein Stück Pappe, eine Stecknadel und ein Stückchen Papier, das 4cm·4cm groß ist.

Die Nadel steckt man durch die Pappe, sodaß die Nadel senkrecht mit der Spitze nach oben in der Pappe steckt, die auf dem Tisch oder auf dem Fußboden liegt. Das Papier knickt man leicht in den beiden Diagonalen und in den beiden Linien, die das quadratische Papierstückchen in zwei gleiche Rechtecke teilen, sodaß man man das Papierstückchen mit seiner Mitte auf die Nadel legen kann ohne das es runterfällt.

Dann hält man eine Hand mit kurzem Abstand neben das Papierrädchen und dreht dann das Rädchen per Telekinese – Videos zu diesem Versuch findet man bei youtube unter „telekinesis paper wheel".

Die eigentliche Telekinese besteht darin, daß man will und sich vorstellt, daß das Papierrädchen sich dreht. Das sollte allerdings nicht in eine angestrengte oder verkrampfte Konzentration ausarten. Man kann diesen Versuch auch zu mehreren durchführen – und wenn dabei gelacht wird, geht es umso einfacher.

Bei manchen Menschen klappt der Versuch sofort, manche müssen sich vorher ein paar Videos dazu ansehen, und wieder andere müssen es erst einmal vorgeführt bekommen (so wie ich).

Diese Art von Dinge lernt man am leichtesten, wenn man sie erlebt und dabei den „Geschmack" dessen, was da passiert, erleben kann. Diesen „Geschmack" kann man unmöglich durch Worte vermitteln – man kann den Geschmack einer reifen Erdbeere zwar ausführlich beschreiben, aber jemand, der noch nie eine Erdbeere gegessen hat, wird trotzdem nicht wissen, wie sie schmeckt …

Also: den PC oder das Tablett anstellen und den Versuch einmal ansehen. Und dann ein Papierrädchen basteln und den Versuch selber durchführen.

Das Papierrädchen dreht sich nun, womit die Telekinese grundsätzlich als reales Phänomen nachgewiesen wäre.

Man kann diesen Versuch jetzt einmal genauer betrachten und schauen, was sich alles aus ihm schließen läßt und ob sich aus diesen Betrachtungen evt. weiterführende Versuche ergeben.

1. b) Welche Widerstände muß die Telekinese überwinden?

Die Tekinese muß in dreifacher Weise wirken, um das Papierrädchen zum Rotieren zu bekommen:

1. Die Telekinese muß die Trägheit des ruhenden Papierrädchens überwinden – die Kraft der Telekinese muß die Masse des Papierrädchens beschleunigen. Im Prinzip müßte eine gleichbleibende Kraft, wenn es keine andere Faktoren gibt, das Rädchen immer mehr beschleunigen, sodaß es immer schneller wird. Das Papierrädchen erreicht jedoch recht schnell seine „Standard-Geschwindigkeit" von ca. 1 Umdrehung pro Sekunde und bleibt dann bei dieser Geschwindigkeit.

Das für das Papierrädchen verwendete Papier hat ein Gewicht von ca. $80 g/m^2$. Das Standard-Papierrädchen mit 4cm Seitenlänge hat folglich ein Gewicht, d.h. eine Masse von ca 0,13g.

2. Die Wirkung der Telekinese wird durch die Reibung des Papiers an der Nadelspitze vermindert. Der Reibungsfaktor zwischen Metall (Nadelspitze) und Papier ist ungefähr 0,2. Das bedeutet, daß ca. ein Fünftel der Kraft der Telekinese durch die Reibung verlorengeht. Da dieser Anteil unabhängig von der Geschwindigkeit der Drehung konstant bleibt, müßte sich die Drehung das Rädchen trotz dieser Reibung immer mehr beschleunigen – was es aber nicht tut.

3. Wenn sich das Papierrädchen dreht, entsteht auch eine Reibung des Papierrädchens an der Luft. Im Gegensatz zu der Reibung zwischen Nadel und Papier, die immer ca. ein Fünftel der Kraft „verschluckt", hängt die Luftreibung von dem Quadrat der Drehgeschwindigkeit ab. Die Luftreibung wird also bei doppelter Geschwindigkeit viermal so groß, bei dreifacher Geschwindigkeit neunmal so groß, bei vierfacher Geschwindigkeit sechzehnmal so groß usw.

Die Luftreibung führt also dazu, daß durch eine konstante Kraft, hier die Telekinese, eine Drehgeschwindigkeit erreicht wird, bei der das „Antreiben" durch die Telekinese und das „Bremsen" durch den Luftwiderstand gleichgroß werden. Das Ergebnis ist eine konstante Drehgeschwingdigkeit.

Um zu überprüfen, ob diese Überlegungen in dieser Form zutreffen, könnte man den Papierrädchen-Versuch bei verschiedenem Luftdruck durchführen, da die Luftreibung auch von der Luftdichte abhängt. Am intereesantesten wäre natürlich ein Versuch im Vakuum, weil dort die Rotation des Rädchens immer größer werden müßte. Aber auch ein Versuch in 4000m Höhe in den Alpen wäre schon aufschlußreich, da der Luftdruck dort bereits auf 60% des Druckes auf Meereshöhe gesunken ist.

Die Drehgeschwindigkeit des Papierrädchens oben in den Alpen sollte also deutlich größer sein – wenn die Theorie, daß die Luftreibung die Drehgeschwindigkeit des Papierrädchens bestimmt, zutreffend ist. (Die Drehung sollte 1,3mal so schnell wie auf Meereshöhe sein.)

Leider bin ich länger nicht mehr auf einem höheren Berg gewesen und habe auch sonst noch keine andere Möglichkeit gefunden wie z.B. einen Raum, in dem man den Luftdruck regulieren kann.

1. c)   Die Größe des Papierrädchens

Um Regeln finden zu können, ist es immer hilfreich, eine Größe bei einem Versuch zu variieren, um zu schauen, welche Veränderung des Versuchs-Ergebnisses dadurch entsteht – auf diese Weise kann man quantitative Zusammenhänge finden wie z.B. „doppelter Abstand – nur noch ein Viertel der Wirkung".

Um herauszufinden, welchen Regeln die Telekinese bei dem Papierrädchen-Versuch folgt, habe ich Papiere mit verschiedener Seitenlänge zugeschnitten: 1cm, 2cm, 3cm usw. bis 8cm. Dann habe ich geschaut, welche Drehgeschwindigkeiten diese verschiedenen Papierrädchen erreichen.

Bei den Versuchen, die ich bisher zusammen mit ca. 50 Menschen durchgeführt habe, haben die Papierrädchen mit der Standard-Seitenlänge von 4cm Seitenlänge, die ich immer benutzt habe, stets eine Drehgeschwindigkeit von knapp 1 Umdrehung pro Sekunde erreicht.

Bei der Versuchsreihe mit verschieden großen Papierrädchen hat sich gezeigt, daß ich das 8cm-Rädchen gerade noch so drehen kann und daß sich die beiden ganz kleinen Rädchen garnicht bewegen lassen. Von den sechs Rädchen, die ich zum Drehen bekommen habe (3cm bis 8cm), hat sich das kleinste am schnellsten und das größte am langsamsten gedreht. Die Überprüfung der Drehgeschwindigkeiten hat gezeigt, daß sich ein Rädchen, das eine doppelt so große Seitenlänge und somit die vierfache Größe und Masse wie ein anderes Rädchen hat, sich nur noch ein Viertel so schnell wie das andere gedreht hat.

Die Abweichung der Messungen von dem physikalischen Prinzip „doppelter Masse => halbe Wirkung" war sehr genau – die Abweichungen lagen deutlich unter 5%.

Das zeigt, daß sich auch die Telekinese zunächst einmal wie eine normale physische Kraft verhält, deren Wirkung linear von der Größe der zu bewegenden Masse abhängt.

1. d)   Die Haltung der Hände

Bei mir selber und auch bei den meisten anderen Menschen, mit denen ich diesen Versuch bisher durchgeführt habe, dreht sich das Papierrächen in die Richtung, in die die Finger der Hand neben dem Rädchen weisen. Wenn also die rechte Hand rechts neben dem Rädchen liegt, dreht sich das Rädchen gegen den Uhrzeigersinn; wenn die linke Hand links neben dem Rädchen liegt, dreht sich das Rädchen mit dem Uhrzeigersinn.

Mit etwas Geschick kann man die Hände so legen, daß die beide Handinnenflächen zu dem Rädchen zeigen und die Finger beide gegen den Uhrzeigersinn oder beide im Uhrzeigersinn weisen. Das ist nach meiner Erfahrung die effektivste Handhaltung.

Das klingt so, als ob durch die Handfläche von der Handwurzel zu den Fingerspitzen hin Lebenskraft fließen würde, die das Rädchen mitnimmt. Diese Flußrichtung der Lebenskraft findet sich u.a. auch in den drei Akupuktur-Meridianen, die durch die Handinnenfläche verlaufen.

Diese Erklärung ist schön, aber sie hat einen Fehler: Es ist auch möglich, einfach nur mit einen einzelnen Finger in die Richtung zu weisen, in die sich das Rädchen drehen soll – auch das kann funktionieren. Man sollte eigentlich annehmen, daß ein einzelner Finger nur ein Fünftel so viel Kraft hat wie die ganze Hand, aber das trifft nicht zu – ich habe bisher keinen deutlichen Unterschied in der Drehgeschwindigkeit des Rädchens in Abhängigkeit von der Anzahl der verwendeten Finger bemerken können.

Ich habe zudem auch schon gesehen, daß manche Menschen die linke Hand links neben das Rädchen und die rechte Hand rechts neben das Rädchen legen, wobei die Finger der einen Hand im Uhrzeigersinn und die Finger der anderen Hand gegen den Uhrzeigersinn weisen. Nach der Lebenskraftfluß-Theorie sollten sich die Telekinese-Kräfte der beiden Hände aufheben – tun sie aber nicht immer …

Manchmal ist das Papierrädchen auch „eigensinnig" und dreht sich gegen entgegen der vermuteten Drehrichtung – so als ob die Lebenskraft in der Hand plötzlich „falsch herum" fließen würde.

1. e) Der Abstand der Hände

Es zeigt sich beim Durchführen von Versuchen mit unterschiedlichem Abstand der Hände zum Papierrädchen, daß die Drehgeschwindigkeit von dem Hand-Abstand genauso unabhängig ist wie von der Anzahl der neben dem Papierrädchen ausgestreckten Finger.

Allerdings tritt ab einer Entfernung von ein bis zwei Handlängen manchmal der Effekt auf, daß sich das Papierrädchen nicht mehr drehen will. Bis zu dieser Entfernung dreht es sich jedoch immer ungefähr gleich schnell.

In der Physik nimmt eine Kraft, die sich ungebündelt nach allen Richtungen hin ausbreitet, quadratisch mit dem Abstand ab: „doppelter Abstand => nur noch ein Viertel der Wirkung".

Die Telekinese verhält sich also nicht wie eine ungebündelte physikalische Kraft – wie z.B. ein Magnetffeld oder wie die Gravitation. Wenn die Telekinese denselben Regeln wie die physikalsichen Kräfte folgen sollte, müßte sie folglich eine gebündelte Kraft sein – so wie Wasser in einem Rohr, wie Elektronen in einer Leitung oder wie die Deichsel an einem Bollerwagen.

Die Sache ist allerdings noch komplexer: Mein Sohn kann das Rädchen sogar drehen lassen, indem er dem Rädchen einfach nur sagt, was es tun soll und die Hand garnicht daneben hält. Das bedeutet, daß er entweder die Lebenskraft nur durch seine Vorstellung lenken kann oder das die Lebenskraft vielleicht sogar ein ungeeignetes Modell zur Beschreibung der Telekinese ist.

Das Halten der Hand neben das Papierrädchen ist folglich möglicherweise eher eine Imaginationshilfe als ein Werkzeug – sozusagen ein Telekinese-Ritual, auf das man auch verzichten kann, das aber für den Anfänger ausgesprochen praktisch und hilfreich ist.

1. f)   Die Anzahl der Personen

Wenn man den Versuch mit vier Menschen gleichzeitig an einem Papierrädchen durchführt, sollte ja eigentlich die vierfache Kraft auf das Papierrädchen einwirken, weshalb es sich viermal so schnell drehen sollte – ganz egel, ob die Telekinese eine gebündelte oder eine ungebündelte Kraft ist.

Wenn man die Abhängigkeit der Luftreibung von v^2 (Quardrat der Geschwindigkeit) mitbedenkt, sollten vier Menschen das Rädchen immerhin noch ungefähr doppelt (statt viermal so schnell) so schnell drehen lassen können.

Das Rädchen dreht sich jedoch völlig unabhängig von der Anzahl der Personen immer gleich schnell.

Daraus ergibt sich, daß die ganze Angelegenheit doch komplexer ist, als es zunächst den Anschein gehabt hat.

1. g)   Die Anzahl der Papierrädchen

Die etwas paradoxe Situation aus dem vorigen Versuch wird dadurch bestätigt, daß man auch mehrere Papierrädchen gleichzeitig drehen lassen kann ohne daß sie deshalb langsamer werden würden.

Das läßt sich nur dann mit den üblichen Naturgesetzen aus der Physik erklären, wenn man davon ausgeht, daß die Telekinese keine gerichtete Kraft ist – so wie ein Magnetfeld mehrere Eisenteilchen gleichzeitig anziehen kann, ohne daß das einen Einfluß auf die Bewegungen der einzelnen Eisenteilchen hätte.

Der Versuch mit dem Variieren des Abstands der Hände zu dem Papierrädchen hat jedoch gezeigt, daß die Telekinese eine gebündelte Kraft sein muß („Wasserdruck im Rohr"), da die Wirkung der Telekinese unabhängig von dem Abstand der Hände von dem Rädchen ist.

Der Versuch mit Hände-Abstand läßt sich also nur mit einer gebündelten Kraft erklären („Wasserdruck im Rohr") und der Versuch mit der Anzahl der Papierrädchen nur mit einer ungebündelten Kraft („Magnetfeld"). Diese beiden Ergebnisse widersprechen sich recht gründlich …

Daraus folgt, daß die Telekinese entweder ganz anderen Regeln folgt als denen der Physik, oder daß es wie bei der Welle-Teilchen-Dualität in der Physik ein übergeordnetes Modell gibt, das diesen Widerspruch auflöst.

Auf jeden Fall ist dieser Widerspruch ausgesprochen erfreulich, da er zwei Ergebnisse enthält, für die jetzt nach einer gemeinsamen Beschreibung gesucht werden kann – solch ein Widerspruch kann in der Forschung die Tore zu neuen Erkenntnissen öffnen.

1. h) Faraday'scher Käfig

Ein Faraday'scher Käfig ist ein Kasten aus einem Drahtgeflecht, der die Wirkung hat, daß er keine elektromagnetischen Kräfte durchläßt. Das Stellen des Papierrädchens in einen Farday'schen Käfig hat jedoch keinen Einfluß auf das Drehen – was die Wirkung einer elektromagnetischen Kraft ausschließt.

1. i) Gravitation und Kernkraft

Diese beiden Kräfte können ebenfalls ausgeschlossen werden – die Gravitaion, weil sie so schwach und so gleichmäßig ist; und die Kernkraft, weil sie nicht über einen Atomkern hinauswirkt.

1. j) Der Kerzen-Versuch

Man könnte vermuten, daß das Papierrädchen durch die Wärme der Hände angetrieben wird – wie bei einer Weihnachtspyramide. Das ist jedoch aus drei Gründen nicht der Fall:

1. Die Drehgescwindigkeit hängt nicht vom Abstand der Hände vom Papierächen ab, was bei einem Wärme-bewirkten Luftstrom der Fall sein müßte.

2. Teelichter statt Hände können das Rädchen nicht zum Drehen bringen.

3. Um auf Wärme reagieren zu könne, müßte das Rädchen die Form eines Propellers haben – was jedoch nicht der Fall ist.

1. k) Glas-Isolator

Das Stellen des Papierrädchens unter Glas scheint sein Drehen effektiv zu unterbinden – zumindestens habe ich noch niemanden „live" gesehen, der ein Papierrädchen unter einem Glas hat drehen können. Glas scheint somit ein Lebenskraft-Isolator zu sein …
Oder ist Glas lediglich eine solch starke Suggestion einer Isolation, daß die Telekinese nicht wirkt?

1. l) Schlußfolgerungen

Es hat folglich den Anschein, als ob die Telekinese auf der Empfänger-Seite nach den normalen physikalischen Regeln reagieren würde:

- doppelte Masse => halbe Geschwindigkeit

Auf der Sender-Seite scheint die Telekinese jedoch anderen, nicht-physikalischen Regeln zu unterliegen:

- Die Hand-Haltung, die Zahl der benutzten Finger und die Hand-Nähe zum Papierrädchen sind möglicherweise nur Imaginationshilfen – die Drehgeschwindigkeit ist nicht von ihnen abhängig und es geht sogar auch ganz ohne die Hände …
Das stellt die Lebenskraft-Theorie in Frage – oder es setzt voraus, daß die Lebenskraft nicht mithilfe von Gesten gelenkt werden muß – die Hand-Haltungen und die Gesten wären dann so eine Art „Telekinese-Ritual" – und es geht auch ohne Ritual …

- Die Drehrichtung des Papierrädchens ist meistens in Richtung der Finger – aber keineswegs immer.

- Glas scheint ein Telekinese-Isolator zu sein – falls das Glas nicht einfach effektiv suggeriert, daß es Lebenskraft-undurchlässig ist …

- Die Unabhängigkeit der Dreh-Geschwindigkeit vom Abstand der Hände spricht für eine gebündelte Kraft („Wasserdruck im Rohr") – oder eben dafür, daß die Haltungen der Hand nur ein „Telekinese-Ritual" sind.
Wenn man mehrere Papierrädchen gleichzeitig dreht, haben diese dieselbe Geschwindigkeit wie ein einzelnes Rädchen. Die Telekinese muß also eine ungebündelte Kraft („Magnetfeld") sein – was der Unabhängigkeit der Drehgeschwindigkeit des Papierrädchens von dem Abstand der Hände widerspricht – außer wenn die Handhaltung lediglich eine Imginationshilfe ist. Für diese Deutung spricht auch, daß es auch möglich ist, den Rädchen einfach nur zu sagen, was sie machen sollen …

- Die Drehgeschwindigkeit des Papierrädchens ist durch die Luftreibung begrenzt. Da viermal soviele Menschen auch viermal soviel Telekinese-Kraft wie ein einzelner Mensch haben sollten, aber das Papierrädchen sich immer gleich schnell dreht, egal wer oder wieviele das Rädchen drehen, muß die Luftreibung eine untergeordnete Rolle spielen.
Auch dieser Umstand läßt daran zweifeln, daß die Luftreibung wirklich die Drehgeschwindigkeit bestimmt – schließlich sollte sich trotz der Luftreibung

die Drehgeschwindigkeit durch mehr „Telekinese-Kraft" deutlich erhöhen lassen – was jedoch nicht der Fall ist.

- Es ist leider nicht bekannt, ob die Drehgeschwindigkeit bei halbem Luftdruck um den Faktor 1,4 größer wird, wie sich aus der Formel für die Luftreibung ergibt. Das wäre gut zu wissen …

- Das Metallgitter eines Faraday'schen Käfigs ist kein Telekinese-Hindernis.

- Es scheint in der Telekinese so etwas wie eine Wirkungs-Konstante zu geben, die

- unabhängig von der Anzahl der bewegten Gegenstände,
- unabhängig von der Anzahl der Telekinese ausübenden Menschen,
- unabhängig von der Anzahl der benutzten Hände bzw. Finger, und
- zumindestens im Prinzip auch unabhängig von dem Abstand der Hände zu dem bewegten Objekt ist.

Auf der Empfänger-Seite zeigt die Telekinese ein „normales" Verhalten: doppelte Masse => halbe Geschwindigkeit.

Auf der Sender-Seite findet sich hingegen vor allem eine Drehgeschwindigkeits-Konstante, die von der Haltung und der Entfernung der Hände, von der Anzahl der teilnehmenden Personen und von der Anzahl der Rädchen unabhängig zu sein scheint.

Ob die Drehgeschwindigkeit auch vom Luftdruck abhängig ist, muß noch durch Versuche überprüft werden. Da vier Personen das Rädchen nicht doppelt oder viermal so schnell, sondern genauso schnell drehen lassen wie eine einzelne Person, ist die Luftreibung sehr wahrscheinlich von untergeordneter Bedeutung.

Es hat den Anschein, als ob zumidnestens die Handhaltung und der Abstand der Hände zum Papierrädchen nur Imaginations-Hilfen für das Telekinese-Ritual wären.

Möglicherweise ist auch Glas kein wirklicher Lebenskraft-Isolator, sondern nur die effektive Suggestion eines solchen Isolators – das ist jedoch keineswegs sicher.

Es gibt somit drei Ergebinisse:

1. die „normale" Abhängigkeit der Wirkung der Telekinese von der Größe der bewegten Masse,
2. die Drehgeschwindigkeits-Konstante, die sehr wahrscheinlich vom Luftwiderstand unabhängig ist,
3. der Nachweis, daß die Gesten und der Abstand der Hände zum Rädchen nur Imaginations-Hilfen („Telekinese-Ritual") sind.

Der interessanteste Punkt ist die Drehgeschwindigkeits-Konstante, für deren Existenz zunächst einmal keine Ursache erkennbar ist.

2.   Die Telekinese-Konstante

Das kurioseste Ergebnis der bisherigen Betrachtungen ist die Unabhängigkeit der telekinetischen Wirkung von vielen Faktoren, von denen man eigentlich annehmen müßte, daß sie einen Einfluß haben sollten:

- Anzahl der beteiligten Personen,
- Anzahl der gedrehten Papierrädchen,
- Haltung der Hände,
- Entfernung der Hände vom Papierrädchen;

- die Rolle des Luftdrucks ist noch nicht überprüft worden

Vor allem sollte man annehmen, daß sich das Papierrädchen durch die addierte Telekinese-Kraft von mehreren Personen schneller dreht – was jedoch nicht der Fall ist.

Man kann nun einmal schauen, was sich über diese Konstante aussagen läßt.

Zunächst einmal erscheint diese Konstante als eine Drehgeschwindigkeits-Konstante: Das Rädchen dreht sich immer gleich schnell.

Diese Konstante ist jedoch nicht absolut, sondern von der Masse des Papierrädchens abhängig. Das bedeutet, daß sich diese Konstante auf der Seite des Telekinese-Senders befindet und nicht auf der Seite des Telekinese-Empfängers: Die telekinetische Kraft hat eine bestimmte, konstante Größe, deren sichtbare Wirkung von der Masse des bewegten Gegenstandes abhängt.

Diese Telekinese-Konstante scheint erstaunlicherweise bei allen Menschen und sogar bei allen Menschengruppen (z.B. zu viert ein Rädchen drehen) gleich zu sein.

Physikalische Umstände können für diese Konstanz nicht verantwortlich sein, da bei einer größeren einwirkenden Kraft auch eine größere Wirkung zu sehen sein sollte.

Die Telekinese-Konstante scheint also unabhängig von einzelnen Menschen zu existieren und auf einer Eigenschaft der Lebenskraft oder etwas ähnlichem zu beruhen.

Um diese Konstante besser zu verstehen, könnte es helfen, wenn man sie mit anderen, ebenfalls konstanten Vorgängen in Verbindung setzen könnte.

Leider sind meines Wissens keine anderen telekinetischen Versuche bekannt, die man auf dieselbe Weise untersuchen könnte wie den Papierrädchen-Versuch. Man kann jedoch versuchen, mit einem indirekten Ansatz weiterzukommen.

Telekinese und Telepathie reagieren auf Wille und Imagination (Vorstellung), d.h.

sie sind mit der Psyche verbunden. Sie werden zudem nicht bewußt ausgeübt, sondern unbewußt – Telepathie ist ein ähnlicher Vorgang wie z.B. Traumreisen oder Meditation: Man verbindet das Wachbewußtsein mit dem Unterbewußtsein und handelt dann in der inneren Welt, in der sich auch die Traumbilder befinden.

Diese innere Welt der Traumbilder, dieses innere Archiv aller Erinnerungen, dieser innere Raum, in dem sich alle Motivationen befinden, wird beim EEG, also bei der Messung der (elektrischen) Hirnströme als eine Frequenz von 4-8Hz mit einem Mittelwert bei 6Hz sichtbar. Das Wachbewußtsein hat 8-16Hz (Mittelwert: 12Hz), die Ekstase wie z.B. bei der Panik, beim Kämpfen oder beim Orgasmus hat 16-32Hz (Mittelwert: 24Hz) und der Tiefschlaf hat 2-4Hz (Mittelwert: 3Hz). Diese vier Bewußtseinszustände sind sozusagen Oktaven voneinander – die Frequenz verdoppelt sich:

Tiefschlaf:	3Hz
Traumzustand:	6Hz
Wachen:	12Hz
Ekstase:	24Hz

Die Frequenz von 6Hz tritt an vielen Stellen zutage, die alle mit der „Lebendigkeit des Körpers" zu tun haben:

- Traumzustand-EEG
- Lachen, Weinen, natürliches Vibrato der Stimme
- Zittern, Zähneklappern
- Orgasmus-Reflex
- Traumaauflösungs-Schütteln
- epileptische Anfälle
- Tiefentspannung, Astralreise

Wenn man sich tief entspannt und damit evtl. auch eine Astralreise anstrebt, treten nacheinander mehrere Phänomene auf:

1. Der Körper wird ruhig.
2. Der Körper wird entspannt.
3. Der Körper wird schwer.
4. Der Körper wird warm.
5. Der Körper beginnt mit ca. 6Hz zu vibrieren.
6. Der Körper beginnt zu zucken – allerdings nicht der physische Körper, sondern nur der Lebenskraftkörper (Astralkörper). Dabei machen die Arme unmögliche Bewegungen wie z.B. kurz nach unten hin durch die Matraze und wieder hoch zu zucken – was deutlich zeigt, daß sich das zwar wie eine physische Bewegung anfühlt, aber keine physische Bewegung ist.

7. Der Körper beginnt hin und her zu schwanken – auch das ist wieder nur der Lebenskraftkörper, da das Bett weiterhin ruhig dasteht.

8. Der Lebenskraftkörper löst sich vom phyischen Körper und man beginnt eine Astralreise.

-. Die Phänomene, die in Punkt 1. bis 4. aufgeführt sind, werden auch als Suggestion bei der Hypnose verwendet.

Dieser Versuch zeigt, daß die 6Hz-Frequenz die Eigenschwingung des Lebenskraftkörpers ist.

Diese Frequenz ist ist stets ungefähr 6Hz groß – sie ist also eine Konstante. Die Lebenskraft schwingt im Körper jedoch nicht überall mit exakt dieser Frequenz – in den Chakren lassen sich bei der Meditation auch andere Vibrations-Frequenzen bzw. Rotations-Frequenzen erleben. Der Lebenskraftkörper als Ganzes scheint jedoch stets mit 6Hz zu schwingen.

Es stellt sich nun die Frage, wie die Telekinese-Konstante mit dieser Frequenz zusammenhängen könnte.

Der einfachste denkbare Zusammenhang wäre die Schwingungsformel aus der Physik: „Frequenz · Wellenlänge = Geschwindigkeit". Wenn eine Welle z.B. 3 mal pro Sekunde schwingt und jede dieser Wellen 10cm lang ist, legt sie in einer Sekunde 3·10cm zurück, d.h. die Welle hat eine Geschwindigkeit von 30cm/sec.

Da die Telekinese-Konstante sich nicht direkt auf die Drehgeschwindigkeit bezieht, sondern eine Eigenschaft der wirkende Kraft, also der Telekinese ist, kann man leider die Frequnz von 6Hz und die Drehgewindigkeit des Papierrädchens nicht direkt miteinander verknüpfen. Man kann jedoch versuchen, sich einer Verknüpfung dieser beiden Zahlen anzunähern.

Zunächst einmal ist bekannt, daß die wirkende telekinetische Kraft so groß ist wie die Summe aus der Reibung zwischen Nadel und Papier und der Luftreibung.

Die Nadel/Papier-Reibung hängt zudem von der Masse des Papierrädchens, die bei einer Seitenlänge von 4cm ungefähr 0,128g beträgt.

Die Drehgeschwindigkeit sollte eigentlich sowohl von der Masse des Rädchens (Nadel/Papier-Reibung) und vermutlich auch vom Luftdruck (Luftreibung) abhängen. Die bisherigen Versuche scheinen jedoch darauf hin zuweisen, daß die Drehgeschwindigkeit nur von der Masse abhängt – die Zahlen stimmen so genau, daß kein Einfluß der höheren Luftreibung durch das größere Papierrädchen sichtbar wird.

Die Schwingungs-Formel „Frequenz · Wellenlänge = Geschwindigkeit" enthält auch die Größe „Wellenlänge". Es wäre also interessant, eine Wellenlänge zu finden, die mit der Lebenskraft in Zusammenhang steht.

Dafür ist mir jedoch bislang nur ein einziges Beispiel bekannt, daß zudem etwas unsicher ist. Ich selber und auch eine Bekannte von mir haben bei Betrachtungen des Zustandes der Chakren von anderen Menschen mehrmals beobachtet, daß vom Brustraum nach oben und nach unten Wellen ausgehen. Diese Wellen beginnen am unteren Ende des Brustbeins (Wunschbaum-Nebenchakra) und gehen bis zum Wurzelchakra bzw. beginnen am oberen Ende des Brustbeims (Thymus-Nebenchakra) und gehen bis zum Scheitelchakra.

Bei ruhig dasitzenden Personen sind dies ca. 20 Wellen, bei sich bewegenden Personen ca. 35-40 Wellen.

Da sowohl die Entfernung Brustraum-Wurzelchakra als auch die Entfernung Brustraum-Scheitelchakra ca. 40cm sind, ergibt sich für den Ruhezustand eine Wellenlänge von 2cm (40cm : 20 Wellen = 2cm) und für den bewegten Zustand eine Wellenlänge von 1cm (40cm : 40 Wellen = 1cm).

Da diese Wellen im Zusammenhang mit den Chakren auftreten, sollten sie Bewegungen der Lebenskraft sein. Man kann daher einmal schauen, was geschieht, wenn man die 6Hz-Frequenz der Lebenskraft mit diesen Wellenlängen kombiniert.

Bei 6Hz, also bei 6 Wellen pro Sekunde, und einer Wellenlänge von 2cm bewegen sich diese Wellen pro Sekunde 6·2cm weit, d.h. sie haben eine Geschwindigkeit von 12cm/sec. Bei einer Wellenlänge von 1cm kommt man hingegen auf eine Geschwindigkeit von 6cm/sec.

Die Konstanz der Frequenz bedeutet, daß die Wellen langsamer werden, wenn die Wellenlänge kleiner wird.

Im Ruhezustand des Körpers beträgt die Fließgeschwindigkeit des Blutes in den beiden Hauptadern, die vom Brustraum aus nach oben bzw. nach unten verlaufen, 12cm/sec, was genau der vermuteten Ausbreitungsgeschwindigkeit der Lebenskraft-Wellen im Ruhezustand entspricht. Allerdings erhöht sich die Fließgeschwindigkeit des Blutes im bewegten Zustand des Körpers auf 20cm/sec – anstatt auf 6cm/sec zu sinken … Hier gibt es also keine Übereinstimmung.

Dieser Befund steht im Widerspruch zu dem Verhalten von Wellen im physikalischen Bereich, da dort die Ausbreitungsgeschwindigkeit einer Welle und nicht die Frequenz der Welle eine Konstante ist – so breiten sich z.B. Wellen in der Luft mit der Schallgeschwindigkeit von 1236km/h aus.

Man kann sich an dieser Stelle fragen, ob alle bisherigen Überlegungen korrekt gewesen sind:

- Die Unabhängigkeit der Drehgeschwindigkeit von der Anzahl der Papier--rädchen und der Anzahl der Personen ist ein Versuchsergebnis und somit sicher.

- Die 6Hz-Frequenz, die eine maximale Schwankung von 4-8Hz hat, ist gut gesichert, da sie an vielen Stellen einschließlich des Lebenskraftkörpers auftritt.

- Die Wellenlänge von 2cm im Ruhezustand bzw. 1cm beim sich bewegenden Menschen ist noch nicht gut gesichert – es wäre auch wünschenswert, diese Wellenlänge mit physikalischen Phänomenen besser abzusichern.

Man kann aufgrund dieser Betrachtungen eigentlich nur sicher sagen, daß die Telekinese-Konstante auf eine bisher noch unbekannte Gesetzmäßigkeit hinweist, die anders als die physikalischen Gesetze funktioniert.

Man kann ergänzend dazu mit einiger Sicherheit vermuten, daß die Frequenz von 6Hz eine große Bedeutung für die Lebenskraft hat.

Schließlich gibt es noch ein drittes Ergebnis: Der Gegenstand, der die telekinetische Kraft empfängt, verhält sich entsprechend den physikalischen Gesetzen (doppelte Masse => halbe Geschwindigkeit). Der Wechsel von den „telekinetischen Gesetzen" mit ihrer kuriosen Konstante zu den physikalischen Gesetzen liegt also zwischen dem Telekinese-Sender (Mensch) und dem Telekinese-Empfänger (bewegter Gegenstand) – was zwar eigentlich selbstverständlich, aber in dieser Klarheit doch neu ist.

3. Vervielfachung der eigenen Kraft

Nachdem die Existenz der Telekinese durch den Papierrädchen-Versuch prinzipiell nachgewiesen ist, kann man nun den Einfluß der Telekinese bei allen außergewöhnlichen Vorgängen mit zur Erklärung heranziehen.

Bei den folgenden Betrachtungen ist es auch interessant darauf zu achten, ob sich aus ihnen Ergänzungen zu den fünf bisherigen Ergebnissen folgern lassen. Diese fünf Ergebnisse sind:

- die „Masse-Abhängigkeit" der Telekinese
- die „Telekinese-Konstante"
- die „Lebenskraft-Frequenz von 6Hz"
- die „Grenze zwischen den Telekinese-Gesetzen und den Physik-Gesetzen"
- das „Telekinese-Ritual"

3. a) Smilie-Versuch

Smilie

Für diesen Versuch braucht man zwei Personen, einen Tisch, ein Blatt Papier und einen Bleistift o.ä.

Mit dem Bleistift malt man das links abgebildete Smilie auf ein Blatt Papier und legt das Blatt dann so auf einen Tisch, daß man es gut sehen, wenn man vor dem Tisch steht.

Eine der beiden Personen stellt sich vor den Tisch, streckt ihre beiden Arme nach links und recht aus („Kreuz-Haltung") und blickt auf das Smilie.

Der zweite stellt sich hinter die erste Person und legt ihre Hände auf die beiden Ellenbogen der ersten Person.

Dann drückt die zweite Person die Arme der ersten Person mit aller Kraft nach unten. Das wird ihm sehr wahrscheinlich nicht gelingen.

umgedrehtes Smilie

Nun wird das Smilie um 180° gedreht, also auf den Kopf gestellt.

Der Versuch wird nun wiederholt – die Person in der „Kreuzhaltung" hat nun keine Chance mehr, ihre Arme oben zu halten …

Diese beiden Versuche werden anschließend mit vertauschten Rollen wiederholt – der „Drücker" steht nun in der

„Kreuzhaltung". Durch den Rollenwechsel können beide sehen, daß es einen Unterschied gibt.

3. b)   Shaolin-Versuch

Für diesen Versuch braucht man drei Personen und einen Tisch o.ä.
Eine Person legt ihre Hand auf den Tisch – die anderen zwei Personen halten diese Hand auf dem Tisch fest.
Der Festgehaltene versucht nun mit aller Kraft seine Hand von dem Tisch fortzuziehen – doch gegen vier Hände hat er keine Chance.

Nun wird der Versuch leicht verändert wiederholt: Der Festgehaltene wendet sich von dem Tisch fort (seine Hand ist jetzt mehr oder weniger hinter ihm) und streckt seinen anderen Arm so vor sich aus, daß er in seine Handfläche schauen kann. Während er in seine Handfläche schaut, geht er einfach von dem Tisch fort – die anderen können ihn nicht halten …

3. c)   „Hepp-Versuch"

Bei diesem Versuch legt sich eine Person mit ihrem Bauch auf den Boden und eine zweite Person legt sich mit ihrem Bauch auf die Fersen und Waden der ersten Person.
Nun versucht die erste Person die zweite mit ihren Beinen hochzuheben. Mir ist lediglich ein Mann bekannt, der das geschafft hat – und der sich dabei eine heftige Sehnenzerrung zugezogen hat … man sollte diesen Versuch also nicht übertreiben, sondern die eigene Konstitution berücksichtigen.

Dann führt man einen zweiten Versuch in derselben Haltung durch. Als Vorbereitung dafür stellt sich die erste Person vor, daß ein weißer Lichtstrahl von ihrem Scheitel bis zu ihren Fußsohlen fließt und daß auf ihren Beinen nur ein kleines Federkissen liegt. Dann sagt diese erste Person innerlich „Hepp!" und hebt mit ihren Beinen die zweite Person in die Höhe.
Da dabei die Beine an den Knien angewinkelt werden, kann es dabei passieren, daß die zweite Person soviel Schwung bekommt, daß sie bis zu dem Kopf der ersten Person oder darüber hinaus rollt – man sollte also auf etwas Platz vor dem Kopf der ersten Person achten.
Wenn jemand für die Rolle der „ersten Person" talentiert ist, können sich auch zwei

oder drei „zweite Personen" übereinander auf die Unterschenkel der ersten Person legen.

Wie viele andere derartige Versuche, scheint auch der „Hepp"-Versuch am besten zu gelingen, wenn mehrere Menschen gleichzeitig diese Versuche in einer größeren Gruppe durchführen.

3. d)   Sprünge u.ä.

Mein Sohn ist u.a. Parcour- und Ninja-Warrior-Trainer und baut seinen Unterricht u.a. auf dem „Hepp"-Versuch auf. Wenn z.B. jemandem ein bestimmter Sprung einfach nicht gelingt, dann gibt er dem Betreffenden z.B. den Rat, sich hinzusetzen und sich den angestrebten Sprung möglichst genau, detailliert, ausführlich und intensiv zu imaginieren, bis der Betreffende genau spürt, wie sich der von ihm angestrebte Sprung anfühlt. Wenn dann dieses Bild in ihm lebendig geworden ist, steht er auf und macht diesen Sprung – einfach so …
Das innere Bild des angestrebten und erreichten Zieles lenkt die Lebenskraft.

3. e)   Karate

Auch im Karate wird das „Hepp"-Prinzip benutzt – diese Methode ist auch in den anderen östlichen Kampfsportarten ein wichtiges Element, aber beim Karate ist es besonders gut sichtbar und erlebbar.

Versuch 1: Man nimmt einen Stock und schlägt ihn auf den Boden, um ihn zu zerbrechen.
Dann wiederholt man den Versuch und stellt sich vorher intensiv vor, daß der Stock zerbricht.

Versuch 2: Man legt einen Stock zwischen zwei Mauern, zwischen zwei Astgabeln o.ä. und schlägt dann mit einem zweiten, stabilen Stock oder mit einem Schwert o.ä. auf den ersten Stock, um ihn zu zerbrechen.
Dann wiederholt man den Versuch und stellt sich vorher intensiv vor, daß der Stock zerbricht.

Versuch 3: Man versucht nun den Stock nicht mit einem zweiten Stock, sondern mit der Handkante zu zerschlagen.

Man wiederholt den Versuch und stellt sich vor, daß der Stock nur ein Spinnenfaden ist und daß man nicht gegen den Stock bzw. gegen den Spinnenfaden schlägt, sondern daß man zu einem Punkt 20cm unterhalb des Stocks/Spinnenfadens schlägt (das Bild des mühelos erreichten Ziels).

Bei diesem Versuch sollte man nicht übertreiben – die Hand sollte heil bleiben …

Es hat den Anschein, als ob man diesen Versuch auch ohne jegliche Sachkenntnis erfolgreich durchführen könnte:

In meiner Kinderzeit ist die Prügelstrafe noch allgemein verbreitet gewesen. Eines Abends, als ich ungefähr 5 Jahre alt gewesen bin und ich mit zwei meiner Schwestern noch lange, als wir schon schlafen sollten, in unseren Betten erzählt und gelacht habe, kam mein Vater mit seinem Haselstock wütend ins Zimmer und rief: „Wer will zuerst Prügel haben?!"

Aus irgendeinem mir nicht bekannten Grunde habe ich aus voller Kraft gerufen: „Ich! Ich! Ich!" und habe fast einen Lachanfall bekommen, worauf meine Schwestern dann mit „Ich! Ich! Ich!" miteingestimmt haben.

Da hat meinen Vater zwar etwas verunsichert, aber er hat mich trotzdem auf den Bauch gedreht, meine Schlafanzughose runtergezogen und mit dem Stock zugeschlagen – der jedoch schon beim ersten Schlag sofort in mehrere Teile zerbrochen ist, während ich dabei die ganze Zeit immer weiter gelacht habe.

Da ist mein Vater schweigend gegangen – das war das Ende der Prügelstrafe in unserer Familie …

Ein paar Jahre später ist mir das noch einmal mit einer älteren Frau passiert, deren Küchenlöffel an meinem Hintern zerbrochen ist, obwohl sie nicht besonders fest zugeschlagen hat.

3. f)   Würfeln ohne Zufall

Beim „Mensch-ärgere-Dich-nicht"-spielen zu viert, insbesondere wenn meine beiden Kinder mit dabei waren, ist manchmal eine ganz spezielle übermütige Stimmung entstanden, die so etwas wie ein „gefaßter Lachanfall mit klarer Ausrichtung" gewesen ist. In dieser Stimmung erfüllten sich ständig Wünsche nach bestimmten Zahlen – es kam dann schon mal vor, daß einer zehn „Sechser" nacheinander gewürfelt hat.

Nach einer Weile wurde es dann etwas schwieriger, weil immer dann, wenn sich jemand z.B. eine „zwei" gewünscht hat, bestimmt ein anderer noch einen Punkt

21

zwischen den beiden „Zweier"-Punkte imaginiert hat, sodaß daraus dann eine „drei" wurde … Lediglich die „6" konnte man mit dieser Methode nicht „verfälschen".

Die Stimmung bei diesen „Würfelspielen ohne Zufall" war ganz ähnlich wie die Stimmung bei meinem Lachanfall, bei dem der Prügel-Stock meines Vaters zerbrochen ist.

3. g)   Levitation für Anfänger

Dieses Experiment ist eine weitere Variante des „Hepp"-Versuchs. Dabei setzt sich eine Person auf einen Stuhl und legt die Arme an ihren Körper und ihre Hände auf ihre Oberschenkel. Vier weitere Personen legen ihre Hände aneinander, machen sie zu zwei Fäusten und strecken dann ihre beiden Zeigefinger aus, die nebeneinander liegen. Dann stecken die vier Personen ihre „Doppel-Zeigefinger" unter die beiden Achseln und die beiden Kniekehlen der ersten Person und versuchen diese hochzuheben – was kaum möglich sein dürfte …

Dann legen die vier Personen ihre Hände übereinander auf den Kopf der ersten Person – sie können auch gemeinsam ein „a" singen, aber das ist nicht unbedingt notwendig.

Dann versuchen die vier Personen erneut, die erste Person hochzuheben – mit einem deutlich anderen Ergebnis …

3. h)   Lasten hochheben

Man kann diesen Versuch auch mit Steinen, Balken u.ä. durchführen. Ich habe schon von einigen erfolgreichen Versuchen dieser Art gehört, aber diesen Versuch noch nicht selber durchgeführt.

Auch diese Form von Telekinese scheint man auch ohne jegliche Vorkenntnisse durchführen zu können. Mein Vater hat mir erzählt, daß einmal gesehen hat, wie eine Mutter mit einer Hand einen LKW angehoben hat und mit der anderen Hand ihr Kind unter dem Reifen des LKWs hervorgezogen hat, unter den das Kind bei einem Unfall geraten war.

3. i) Das Grundprinzip

Das Grundprinzip all dieser Versuche scheint zu sein, daß man sich auf das Ziel und nicht auf das Hindernis konzentriert – also sich auf das ausrichtet, was man will: Wille und Imagination, also das von der Kraft des eigenen Strebens erfüllte Bild des angestrebten Ziels. Man erschafft gewissermaßen innerlich das angestrebte Ziel – man formt die Lebenskraft und lenkt sie dadurch.

Es gibt mehrere grundlegende Unterschiede zwischen dem Papierrädchen-Versuch und den verschiedenen Varianten des Hepp-Versuchs:

> Beim Papierrädchen-Versuch entsteht eine kleine Wirkung ohne das Wirken einer physisches Kraft, während beim Hepp-Versuch eine physische Wirkung mühelos zu einer Stärke vergrößert wird, die normalerweise weit außerhalb des Möglichen liegt.

Die Unterschiede zwischen diesen beiden Versuchen sind im einzelnen:

Unterschiede der Telekinese-Versuche		
Element	*Versuch*	
	Papierrädchen-Versuch	*Hepp-Versuch*
phyischer Kontakt	nein	ja
wirkende Kraft	Telekinese	Körperkraft und Telekinese
Wirkung	sehr klein	sehr groß
Begleit-Phänomene	Konzentration	Konzentration, Lachen, Lachanfall

3. j) Schlußfolgerungen

Was ergibt sich aus diesen Versuchen für das Verständnis der Telekinese?

- Zunächst einmal beruhen sowohl Telepathie als auch Telekinese auf Wille und Imagination.

- Diese Ausrichtung auf ein Ziel kann bis zu der hemmungslosen Einsgerichtetheit eines Lachanfalls oder der Eingerichtetheit der Motivation, das eigene Kind zu retten, reichen.

- Die Durchführung der Hepp-Versuche in einer Gruppe scheint die Effektivität dieser Versuche zu vergrößern. Das ist ein Unterschied zu den Papierrädchen-Versuchen, bei denen vier Personen das Rädchen auch nicht schneller drehen als eine Person.

Die Wichtigkeit dieser fraglosen Einsgerichtetheit ist auch von einem der bekanntesten Magie-Lehrer – Meister Yoda – prägnant formuliert worden: *„Tu es oder tu es nicht – es gibt kein Versuchen."*

Es gibt bei den Hepp-Versuchen ein kurioses Phänomen, das zunächst einmal alles andere als selbstverständlich ist: Warum kann die Telekinese die physische Kraft eines Menschen um ein Vielfaches verstärken, wenn doch die Telekinese ohne physischen Kontakt wie bei den Papierrädchen-Versuchen so ausgesprochen schwach ist?

Braucht die Telekinese den physischen Kontakt, um effektiv zu sein? Verändert die Telekinese die Arbeit der Muskeln? Oder geschieht bei den Hepp-Versuchen noch etwa ganz anderes?

Um die Telekinese genauer beschreiben zu können und sie dann evtl. auch effektiver einsetzen zu können, werden noch Experimente und weitere genaue Beobachtungen und vergleichende Betrachtungen benötigt.

4.   Telekinese oder Zufalls-Lenkung?

Der bereits beschriebene weitgehende Ausschluß des Zufalls bei den Würfelspielen mit meinen beiden Kindern läßt sich zunächst einmal auf zwei grundlegende Weisen erklären: Zum einen könnte Telekinese am Werk sein, und zum anderen könnte der Zufall gelenkt werden.

Bei dem Telekinese-Modell wirkt eine nicht-physikalische Kraft auf die Bewegungen des Würfels, bei dem Zufallslenkungs-Modell beeinflußt man den Zufall. Die Telekinese mit ihrem Kraft-Modell steht näher an der physikalischen Weltbeschreibung, während das Zufalls-Modell näher an den magischen Weltbeschreibungen steht, in denen u.a. mit Ritualen der Zufall gelenkt wird.

Beim Würfeln bleibt natürlich nicht viel Zeit für die magische Einflußnahme, weshalb es effektiv ist, möglichst schon einige Zeit vorher zu wissen, welche Zahl man braucht und zu würfeln, bevor sich die Mitspieler auf eine telekinetische Störaktion konzentrieren können … Dieser Umstand sagt jedoch nur etwas über die Umstände aus, in denen diese Form von Telekinese oder Zufallslenkung ausgeübt wird, aber nicht darüber, was dabei eigentlich geschieht.

Bei den anderen Hepp-Versuchen wie z.B. den Karate-Schlägen wird das Erklärungsmodell der Zufallslenkung ziemlich sperrig bis unbrauchbar – da ist das Telekinese-Modell deutlich eleganter.

Es läßt sich somit zunächst einmal sagen, daß im Allgemeinen das Telekinese-Modell die bisherigen Versuchsergebnisse besser beschreibt als das Zufallslenkungs-Modell.

Es finden sich also bisher zwei Indizien dafür, daß sich die Telekinese von ihrer Wirkung her betrachtet (also auf der Empfänger-Seite) ähnlich wie eine physikalische Kraft verhält: Bei dem Papierrädchen-Versuch halbiert sich die Drehgeschwindigkeit bei einer Verdoppelung der Masse des Papierrädchens, und bei den Hepp-Versuchen vervielfacht sich die physische Kraft eines oder mehrerer Menschen.

Nun gab es bei den Papierrädchen-Versuchen das Phänomen, daß sich die Telekinese auf der Sender-Seite nicht wie eine physikalische Kraft verhält: Vier Menschen gemeinsam drehen ein Papierrädchen nicht schneller als ein einzelner Mensch. Gibt es etwas ähnliches bei den Hepp-Versuchen?

Es gibt zunächst einmal die folgenden Phänomene:

- Bei den Hepp-Versuchen in einer Gruppe scheint sich die Telekinese der Einzelnen zu stabilisieren.

- Die physische Stärke geht deutlich über die normale physische Stärke hinaus.

- Es scheint das Erreichen einer bestimmten Stimmung zu geben, die eine Einsgerichtetheit ist, die durch Lachen, einen Lachanfall oder auch durch einen Notfall erreicht werden kann, und die die Stärke der physischen Kraft eines Menschen durch Telekinese auf das gerade benötigte Maß erhöht.

Ein Effekt, der dem Phänomen der von der Anzahl der Beteiligten und Telekinese ausübenden Menschen unabhängigen Drehgeschwindigkeit entspricht, ist zunächst einmal nicht erkennbar.

5.   Telekinese und Telepathie

Telepathie und Telekinese sind sich zunächst einmal recht ähnlich: Bei der Telepathie wird auf nicht-physikalische Weise eine Information übermittelt und bei der Telekinese wird auf nicht-physikalische Weise eine Wirkung übermittelt.

Man kann auch sagen, daß die Telepathie die magische Erkenntnisfähigkeit und die Telekinese die magische Handlungsfähigkeit ist. Das ist natürlich eine Unterscheidung, die sich am Aufbau des physischen Körpers orientiert – also grob gesagt an der Unterscheidung zwischen Augen, Ohren und Nase bei der Wahrnehmung und Knochen, Muskeln und Sehnen bei der Handlung. Es stellt sich natürlich die Frage, ob diese Unterscheidung in der Magie einen Sinn ergibt und eine zutreffende Beschreibung ist.

5. a)   Vergleich

Zunächst einmal kann man sagen, daß es durchaus Menschen gibt, die zwar eine sehr feine telepathische Wahrnehmung haben, die sich jedoch weigern, magisch zu handeln. Der umgekehrte Fall ist hingegen eher selten – also magisch handeln, aber nichts wahrnehmen. Telepathie und Telekinese müssen also nicht gleichzeitig auftreten oder, genauer gesagt, nicht beide von einem Menschen benutzt werden.

Für eine größere Verwandtschaft zwischen Telepathie und Telekinese spricht zunächst einmal, daß sie beide nicht-physikalische Zusammenhänge sind. Sie fühlen sich außerdem auch beide recht ähnlich an.

Dieses Telepathie/Telekinese-Gefühl ist jedoch nicht so einfach zu beschreiben – es ist eine Art „stille Wärme", eine Art gesteigerte Aufmerksamkeit und eine mehr oder weniger bewußte Ausdehnung des Bewußtseins.

Ich weiß allerdings nicht, ob das nur meine Art der Wahrnehmung ist oder das allgemein so ist, da es nicht gerade einfach ist, sich mit anderen über dieses Thema in ausreichend präziser Weise zu unterhalten …

Es gibt auch Fälle, in denen es nur schwer oder garnicht zu unterscheiden ist, ob Telepathie oder Telekinese vorliegt. So hat z.B. mein Großvater, um seine Frau zu retten, recht viel Geld benötigt und deshalb Lotto gespielt und auch sehr bald sechs Richtige gehabt. Hat er nun telepathisch die Zahlen vorhergewußt oder hat er telekinetisch die Zahlen-Ziehung beeinflußt?

Vermutlich ist die Telekinese die energieaufwändigere Methode, aber ausschließen kann man sie nicht – zumal meinem Großvater, als er einmal wegen seinen Knien zu einer Heilerin gegangen ist, die ganzen Federn des Huhnes, das die Heilerin gerade am Rupfen war, entgegengeflogen sind … worauf die Heilerin zu meinem Großvater meinte, daß sie nichts für ihn tun könne, der er größere Kräfte habe als sie.

Das Vorherwissen (Telepathie) und die magische Einflußnahme (Telekinese) lassen sich also nicht immer sicher unterscheiden.

Albert Einstein hat aus der Nicht-Unterscheidbarkeit der Fliehkraft und der Gravitation bei manchen Experimenten geschlossen, daß beides dieselbe Kraft sein muß – woraus sich dann schließlich die Relativitätstheorie ergeben hat. Es ist allerdings fraglich, ob die Nicht-Unterscheidbarkeit von Telepathie und Telekinese in manchen Fällen ebenfalls der Ausgangspunkt für derart weitreichende Schlußfolgerungen und Erkenntnisse sein kann – aber man kann's ja mal versuchen …

Es gibt noch mehr Fälle, in denen man Telepathie und Telekinese nicht klar unterscheiden kann.

Es gibt die Möglichkeit, mit dem eigenen Bewußtsein in den Körper eines anderen zu wechseln und sich dort nicht nur mit den Organen und Chakren zu unterhalten, sondern sie auch zu behandeln – so kann z.B. durch die Heilung des Haras (das Chakra kurz unter dem Nabel) eine deutlich größere Standfestigkeit des Betreffenden hergestellt werden. Zum einen ist das Telepathie, weil man etwas wahrnimmt, was den physischen Sinnesorganen nicht direkt zugänglich ist, und zum anderen ist es aber auch Telekinese, weil man ja etwas an dem Zustand des anderen ändert. Diese Unterscheidung ist jedoch für das eigene Erleben dessen, was man bei einer solchen Chakra-Behandlung tut, kaum von Bedeutung.

Ein sehr ähnlicher Fall ist die Behandlung einer Panikattacke, bei der man ebenfalls mit dem eigenen Bewußtsein in den Körper des anderen wechselt und die Lebenskraft, die sich bei der Panik in den drei oberen Chakren staut, teilweise wieder in die drei unteren Chakren leitet.

Ein anderer Fall ist die Fernhypnose, bei der man einen Menschen hypnotisiert, der einige Kilometer weit entfernt ist, und ihn beauftragt, etwas Bestimmtes zu tun. Die Telepathie ist in diesem Fall offensichtlich, weil man ja Informationen auf nicht-physikalische Weise zu jemand anderem sendet, aber reicht der Begriff 'Telepathie' dafür aus, daß man sich in den Willen des anderen einmischt und ihn zu einer bestimmten Handlung bewegt? Man muß dafür den Begriff 'Telepathie' zumindest im Vergleich zu seiner üblichen Bedeutung deutlich ausdehnen.

Man kann diesen Abgrenzungs-Versuch zwischen Telepathie und Telekinese auch noch von einer anderen Seite her angehen: Bei der physischen Sinneswahrnehmung gibt es eine eindeutige Richtung – von dem Objekt zu dem Wahrnehmenden.

Dies ist bei der Telepathie jedoch nicht der Fall: Man kann sowohl Gedanken und Bilder empfangen als auch aussenden – „Sehen" und „Hören" sind bei der Telepathie sozusagen indentisch. Das Aussenden von Gedanken und Bildern wie bei der Chakra-

Heilung, der Panik-Beruhigung, der Fernhypnose oder dem schlichten Herbeirufen eines anderen Menschen ist also eigentlich ein telekinetischer Vorgang, weil man dabei eine Wirkung aussendet.

5. b) Bewußtseins-Ausweitung

Es sieht daher so aus, als ob Telepathie und Telekinese zwei Aspekte derselben 'magischen Tätigkeit' wären. Diese 'magische Tätigkeit' kann man am ehesten als eine Ausdehnung des eigenen Bewußtseins beschreiben.

Diese Arbeitshypothese hat einen großen Vorteil, da sie sowohl die Telepathie als auch die Telekinese auf eine elegante Weise beschreibt:

Das Bewußtsein ist normalerweise in der Lage, den eigenen Körper wahrzunehmen und ihn zu bewegen. Vom Bewußtsein aus gesehen macht man bei beiden Vorgängen eigentlich nichts grundlegend Verschiedenes: Man richtet seine Aufmerksamkeit auf etwas und bündelt seinen Willen auf dieses Etwas – das kann eine genaue Wahrnehmungm aber genausogut auch eine Handlung sein.

Wenn man Telepathie und Telekinese nun als eine Ausweitung des Bewußtseins auffaßt, wird das Papierrädchen zu einem Teil des eigenen Körpers – was bedeutet, daß man sich selber, d.h. den Papierrädchen-Teil des eigenen Körpers dreht. Das klingt zunächst möglicherweise ein wenig absurd, aber es lohnt sich trotzdem, dieses Modell einmal zu durchdenken.

Jede Form der Telepathie läßt sich leicht erklären oder zumindestens elegant beschreiben, wenn das Wahrgenommene einfach durch die Ausdehnung des eigenen Bewußtseins zu einem Teil des eigenen Körpers wird, also zu einem Gegenstand innerhalb des eigenen Bewußtseins.

Auf dieselbe Weise lassen sich auch die Hepp-Versuche beschreiben: Wenn man z.B. sein Bewußtsein auf den Menschen, der auf den eigenen Fersen und Waden liegt, ausdehnt, wird dieser Mensch vorübergehend zu einem Teil des eigenen Körpers, den man dann mühelos bewegen kann.

Auch die Hypnose und die Fernhypnose sind eine 'Ausdehnung des eigenen Bewußtsein auf einen anderen Menschen', was der Hypnotisierende auch sehr deutlich so erlebt: Bei der Hypnose verdrängt man das Wachbewußtsein des Hypnotisierenden aus dessen Körper, was sich für den Hypnotiseur auch sehr invasiv und erobernd anfühlt. Einer der ersten Effekte, der dabei auftritt, ist, daß sich der Hypnotisierte nicht mehr bewegen kann – der Hypnotiseur hat sein Bewußtsein auf den Körper des Hypnotisierten ausgedehnt und kann daher nun die Bewegungen des Hypnotisierten bestimmen.

Dieses Phänomen findet sich auch noch an einer anderer Stelle: Wenn man die

Astralreise erlernen will, ist es eine gängige Möglichkeit, sich zunächst einmal zu entspannen, ganz ruhig und reglos zu werden, dann schwer und danach warm, bis man schließlich zu vibrieren beginnt und sich dann nach einer Weile von dem physischen Körper löst und ihn dann verläßt und über dem eigenen physischen Körper schwebt.

Die Entspannung, die Schwere und die Reglosigkeit bedeuten, daß man den eigenen Körper losläßt – man will ja schließlich den eigenen Körper verlassen und dazu muß man die Kontrolle über ihn aufgeben. Man macht also mit sich selber genau das, was man bei einer Hypnose mit einem anderen macht: Man löst das Bewußtsein vom Körper, man verdrängt es aus dem Körper.

Mit der Arbeitshypothese der Ausdehnung des Bewußtseins kann man so verschiedene magische Handlungen wie Telepathie, Telekinese, Hypnose und Astralreise beschreiben – wobei die bei diesen Vorgängen übereinstimmenden Phänomene erst durch diese Beschreibung richtig deutlich werden. Am auffälligsten ist dabei die Kontrolle über den eigenen Körper und über den Körper von anderen bzw. über Gegenstände.

Diese Arbeitshypthese bringt natürlich einige Änderungen der Vorstellungen über das Bewußtsein und über das Verhältnis zwischen Bewußtsein und Körper mit sich. Man könnte geradezu sagen, daß Magie die Kontrolle über den eigenen Körper und über den Umraum ist – was nicht zuletzt auch die intensive Ausstrahlung der meisten fortgeschritteneren Magier erklärt …

6.   Schwert und Schild

Wenn das Einnehmen des Raumes durch das eigene Bewußtsein und insbesondere die Ausweitung des eigenen Bewußtseins auf andere Menschen und Dinge so wesentlich in der Telepathie und der Telekinese ist, dann ist es sinnvoll und sogar notwendig, sich um den eigenen Umraum zu kümmern.

Im Zusammenhang mit meinen Beratungen habe ich immer wieder festgestellt, daß viele Menschen kein Gefühl für ihren Umraum haben. Solche Menschen sind meistens Asketen, Opfer und Fans, d.h. sie verzichten, ziehen sich zurück, machen sich klein, sind eher wehrlos, geben viel zu viel, erhalten wenig, werden ausgenutzt, neigen zum Burnout, können sich nicht abgrenzen usw.

Daher habe ich mir im Laufe der Jahre ein paar „Spiele" ausgedacht, mit deren Hilfe man sich seines Umraums bewußt werden kann.

Es gibt zwei Distanzen, die bei diesen Spielen von Bedeutung sind. Der Umraum oder die Aura erstreckt sich ungefähr bis zu dem Handgelenk des ausgestreckten Armes, also plus/minus 60cm.

Die erste Grenze ist dort, wo sich die beiden Umräume berühren, also bei der Distanz, bei der die beiden Personen mit ausgestecktem Arm ihre Handflächen aneinander legen könnten – also in einer Distanz von ca. 120cm.

Die zweite Grenze ist dort, wo der eine mit seiner flachen Hand den Körper des anderen berühren könnte – also in einer Distanz von 60 cm.

Das Erreichen dieser beiden Distanzen fühlt sich recht unterschiedlich an: bei 120cm ist es eine reletiv friedliche erste Berühung des anderen, bei 60cm ist es ein eher aggressives Eindringen in den Bereich des anderen.

6. a)   Spiel 1

Eine Person stellt sich mit geschlossenen Augen in den Raum und eine zweite geht langsam und leise auf die erste Person zu. Wenn die erste Person das Gefühl hat, daß die andere Person in ihren Umraum kommt, sagt sie „jetzt" oder etwas ähnliches. Dann tritt die zweite Person ein Stück zurück und beide vergleichen ihre Wahrnehmungen.

Die zweite Person geht nacheinander einmal von vorne, einmal von hinten, einmal von rechts und einmal von links auf die erste Person zu. Meistens unterscheiden sich die Abstände, bei der die erste Person sagt, daß der andere in ihren Raum kommt, sehr deutlich. Bisweilen nimmt sie auch auf einer der vier Seiten garnichts wahr.

6. b)   Spiel 2

Eine Person stellt sich mit offenen Augen in den Raum und eine zweite geht langsam auf die erste Person zu. Wenn die erste Person das Gefühl hat, daß die andere Person in ihren Umraum kommt, sagt sie „Stop."

Wenn die zweite Person dieses „Stop" überzeugend findet, bleibt sie stehen – wenn nicht, geht sie weiter …

Bei diesem Spiel kann es sein, daß die erste Person intensive Gefühle fühlt, sich an frühere Situationen der Grenzverletzung erinnert usw.

6. c)   Spiel 3

Die erste Person stellt sich mit offenen Augen in den Raum und sucht sich einen „Verbündeten": die eigene Seele, Christus, eine Eiche, einen Tiger ... was sich auch immer für den Betreffenden als „Verbündeter" geeignet anfühlt. Dann geht die zweite Person wieder auf die erste zu und die erste sagt wieder „Stop", wenn sie spürt, daß die zweite Person ihren Umraum betritt.

Man schaut so lange nach „Verbündeten", bis man einen gefunden hat, mit dem das „Stop"-Sagen so viel kraft hat, daß die zweite Person auch stehen bleibt.

Dann schaut man, ob der Abstand, an dem die erste Person „Stop" sagt, für die erste Person auch tatsächlich angenehm ist. Wenn das nicht der Fall sein sollte, spielt man das Spiel weiter, bis die erste Person die zweite Person mit einem „Stop" in einer für die erste Person angenehmen Entfernung zum Stehen bringen kann.

6. d)   Spiel 4

Nun wird dasselbe Arrangement wie im vorigen Spiel verwendet, aber die erste Person sagt nichts, sondern versucht die zweite Person ohne Worte in einer für die erste Person angenehmen Entfernung zu stoppen.

6. e)   Spiel 5

Die Ausgangsposition ist wieder dieselbe, aber die erste Person sagt innerlich nicht nur „Stop!", sondern imaginiert, daß die zweite Person z.B. umkehrt, links an der ersten Person vorbeigeht oder ähnliches.

6. f) Spiel 6

Die fünf bisherigen Spiele haben sich mit dem linken „Schild-Arm" beschäftigt, also mit der Verteidigung, allerdings auf eine eher langsame, bedächtige Weise. Ab diesem Spiel kommen nun schnellere Verteidigungs-Varianten.

Statt auf die erste Person zuzugehen, formt die zweite Person nun in ihrer Hand eine (imaginierte) Lichtkugel und wirft sie dann plötzlich auf die erste Person. Die erste Person achtet darauf, ob sie merken kann, wo sie diese Lichtkugel trifft. Wenn die erste Person den getroffenen Körperteil erkannt hat, sagt die zweite Person, wohin sie die Lichtkugel geworfen hat, damit die erste Person sehen kann, ob sie eine klare Wahrnehmug dieses „Lebenskraft-Angriffs" gehabt hat (und ob die zweite Person solche Lebenskraft-Kugeln ausreichend intensiv werfen kann …).

Bei diesem Spiel sollte die zweite Person nicht ihre eigene Lebenskraft benutzen, sondern sich Lebenskraft z.B. von der Sonne oder aus der Erde holen.

6. g) Spiel 7

Die zweite Person wirft wieder mit Licht-Kugeln auf die erste Person, die nun mit einem imaginierten Schild o.ä. diese Lichtkugeln abwehrt.

Nach jedem Wurf vergleichen die beiden Personen ihren Eindruck, ob die zweite Person die Lichtkugel gut abgewehrt hat.

6. h) Spiel 8

Nun werden die Rollen getauscht: Die erste Person geht auf die zweite Person zu und versucht, deren Umraum zu betreten und die zweite Person wehrt die erste Person ab – dies ist jetzt ein Angriff mit dem rechten „Schwert-Arm".

6. i) Spiel 9

Nun wird das Licht-Kugel-Spiel mit vertauschten Rollen gespielt: die erste Person wirft mit Lebenkraft-Kugeln auf die zweite Person.

Nach jedem Wurf vergleichen wieder beide ihren Eindruck, wie gut die Lichtkugel geworfen worden ist und wo sie evtl. getroffen hat bzw. hätte treffen sollen.

6. j)   Spiel 10

Nun wird gemeinsam geschaut, wo bei der ersten Person Schwachpunkte sind oder wo sich noch Potential zur Verbeserung zeigt, woraufhin sich die beiden dann ein Spiel ausdenken, mit dessen Hilfe dieser Schwachpunkt geheilt bzw. dieses Potential verwirklicht werden kann.

6. k)   Betrachtung der Ergebnisse

Diese Spiele dienen dazu, ein Gefühl für die Lebenskraft und vor allem für den eigene Umraum („Aura") zu erhalten. Das kann einen großen praktischen Nutzen haben und z.B. dabei helfen, daß man sich nicht mehr ausnutzen läßt, einen drohenden Burnout abwendet, sich besser behaupten kann usw.

Diese Spiele zeigen einen anderen Aspekt der Telekinese als der Papierrädchen-Versuch und die Hepp-Versuche: Bei diesen Spielen nimmt man seinen Umraum und das, was in ihm und in seiner Nähe geschieht, wahr – und lernt im Idealfall, den eigenen Raum zu schützen und zu bewahren.

   - Bei den Papierrädchen-Versuchen wirkt die Telekinese „per Lebenskraft" direkt auf einen Gegenstand.
   - Bei den Hepp-Versuchen verstärkt die Telekinese „per Lebenskraft" die Kraft in den Muskeln um ein Vielfaches.
   - Bei den Spielen nimmt man die physisch sich nähernde Lebenskraft (Aura) des anderen oder die telekinetisch geworfenen Lebenskraft-Kugeln des anderen wahr und reagiert auf sie.

Diese drei Arten von Versuchen lassen sich auf zwei Weisen in einer Übersicht zusammenfassen.

Die erste dieser beiden Übersichten zeigt, was auf was wirkt, also in welchem Rahmen die Telekinese stattfindet:

Arten der telekinetischen Einflußnahme	
Versuch	*Wirkung*
Papierrädchen-Versuch	Lebenskraft => Gegenstand
Hepp-Versuch	Lebenskraft/Muskeln => Gegenstand
Spiele	Lebenskraft => Lebenskraft

Die zweite Übersicht zeigt im Prinzip dieselbe Sortierung, nur diesmal systematisch nach Sender und Empfänger sortiert:

Arten der Einflußnahme			
		Empfänger	
		physisch	*Lebenskraft*
Sender	*physisch*	normale Handlung	
	physisch und Lebenskraft	Hepp-Versuch	
	Lebenskraft	Papierrädchen-Versuch	Spiele

Da es in dieser Übersicht zwei Freistellen gibt, liegt es nach, sich zu fragen, ob es Vorgänge gibt, die in diese beiden Plätze passen würden.

Eine physische Handlung, die auf die Lebenskraft wirkt, wären z.B. Atemübungen wie das Pranayama oder die Kundalini-Mediationen, die die Lebenskraft im Körper sowohl vermehren als sie auch bewegen.

Eine physische Handlung, die durch die Lebenskraft verstärkt wird und auf die Lebenskraft wirkt, wären z.B. rituellen Handlungen mit Worten und Gesten, die z.B. ein Chakra heilen sollen.

Durch diese beiden Beispiele läßt sich die Übersicht vervollständigen:

Arten der Einflußnahme			
		Empfänger	
		physisch	*Lebenskraft*
Sender	*physisch*	normale Handlung	Atemübungen
	phyisch und Lebenskraft	Hepp-Versuch	Ritual
	Lebenskraft	Papierrädchen-Versuch	Spiele

Man kann in dieser Übersicht nun auch bei den Empfängern noch eine Spalte „phyisch und Lebenskraft" einfügen und schauen, ob es Vorgänge gibt, die den drei dadurch neu entstehenden Feldern entsprechen.

Für die Wirkung von „phyisch und Lebenskraft" auf „phyisch und Lebenskraft" braucht man nicht lange zu suchen: das ist das Leben insgesamt ... Alle Vorgänge, bei denen nicht beides beteiligt ist, sind Sonderfälle.

Wann wirken physische Dinge auf „phyisch und Lebenskraft"? Vermutlich wirken physische Dinge immer auf beides – ein Fall, bei dem dies besonders deutlich ist, ist z.B. die Entstehung eines Traumas, weil dabei sowohl die Psyche grundlegend verändert wird als auch der Teil der Lebenskraft, der diesem Teil der Psyche entspricht, abgekapselt wird.

Wann wirkt die Lebenskraft auf „phyisch und Lebenskraft"? Dafür kommt z.B. die Homöopathie in Frage – in den Kügelchen ist nur noch die Information der Ausgangssubstanz enthalten, also die in die Lebenskraft geprägte Information, aber nicht die Ausgangssubstanz selber.

Arten der Einflußnahme				
		Empfänger		
		physisch	*phyisch und Lebenskraft*	*Lebenskraft*
Sender	*physisch*	normale Handlung	Trauma-Entstehung	Atemübungen
	phyisch und Lebenskraft	Hepp-Versuch	Leben	Ritual
	Lebenskraft	Papierrädchen-Versuch	Homöopathie	Spiele

Um die Telekinese prinzipiell nachzuweisen, wird ein Versuch gebraucht, bei dem ausschließlich die Lebenskraft auf einen physischen Gegenstand wirkt – anders läßt sie sich nicht sicher nachweisen: der Papierrädchen-Versuch. Wenn sie jedoch erst einmal prinzipiell nachgewiesen ist, kann man auch alle neuen möglichen Wirkungs-Formen betrachten – was die Telekinese in einen größeren Zusammenhang stellt und selbst Verfahren wie die Homöopathie miteinbezieht.

Auch die Wirkung der homöopathischen Kügelchen läßt sich mit der Arbeitshypothese der Ausweitung des Bewußtseins beschreiben: Durch die Einnahme des Kügelchens erlaubt man der Ausgangssubstanz (Tier, Pflanze, Mineral), aus der dieses Kügelchen hergestellt worden ist, Einfluß auf den eigenen Zustand zu nehmen. Daraufhin weitet sich das Bewußtsein des betreffenden Tieres, der Pflanze oder des Steines auf den Menschen aus, der dieses Mittel eingenommen hat und verändert den Betreffenden in einer Weise, die dem Tier, der Pflanze oder dem Stein entspricht.

Daselbe gilt auch für ein Trauma: Bei der Entstehung wird ein Teil der Psyche und somit auch des Lebenskraftkörpers von dem Rest der Psyche und des Lebenskraftkörpers isoliert. Dieser Bereich ist daher bis zu seiner Heilung, d.h. bis zu seiner Wiederintegrierung in die Psyche und den Lebenskraftkörper weitgehend dem Bewußtsein und somit auch der Lenkung durch das Bewußtsein entzogen.

Telepathie, Telekinese und ganz allgemein die Magie sind also auch die Frage, worauf das Bewußtsein Zugriff hat und worauf nicht.

7. Telekinese und Analogien

In der Magie werden viele Analogien benutzt. Es gibt auch von dem Magier unabhängige „Analogie-Wirkungen" wie die Astrologie. Von einem Magier abhängige „Analogie-Wirkungen" sind z.B. die Homöopathie, bei der die Substanz, aus der die von dem Kranken eingenommenen Kügelchen hergestellt worden sind, möglichst exakt der Krankheit des Patienten entsprechen müssen.

Man kann daher zumindestens einmal die Frage stellen, ob es einen Zusammenhang zwischen der Telekinese und den Analogien gibt.

Bei den bisher betrachteten Telekinese-Versuchen spielten die Analogien keine erkennbare Rolle – wenn man einmal von der Homöopathie absieht, bei der die Analogien zwar wichtig sind, aber die Telekinese sich darauf beschränkt, daß das Wesen der Substanz, aus der die Kügelchen hergestellt worden sind, vermutlich sein Bewußtsein auf die Psyche und den Körper des Kranken ausdehnt und ihn dadurch heilt.

8. Apollon und Dionysos

Die Unterscheidung zwischen appollinisch und dionysisch ist vermutlich nicht allzu wichtig, um Telepathie und Telekinese zu verstehen, aber sie macht einen Unterschied sowohl in der Erzeugung von Telepathie und Telekinese als auch in ihrer Anwendung deutlich.

Apollon ist der Gott der Sonne und der Richtigkeit – so wie fast alle Sonnengötter von Baldur über Dagda bis Ra die Erhalten der Richtigkeit sind.

Apollon ist wie Baldur mehr ein Gott der Richtigkeit als ein Sonnengott – die Rolle des Sonnengottes ist bei den Griechen bei Helios wesentlich deutlicher.

Menschen mit einer apollinischen Grundhaltung suchen nach der natürlichen Ordnung in der Welt, nach dem heilen Zustand in sich selber, nach der universellen Harmonie … eben nach Ma'ath, Fhrinne, Me, Tashi, Ho'zhong und wie diese Richtigkeit in den verschiedenen alten Sprachen sonst noch genannt worden ist. Das Ziel ist ein Leuchten, ein Strahlen vom Herzchakra aus, das Erlebnis von sich selber als integrierter Teil des Ganzen.

Menschen mit einer dionysischen Grundhaltung suchen nach der Intensität im Leben, nach Tanz, nach sexueller Vereinigung, nach Rausch, nach Auflösung der Grenzen, nach Neuem … eben nach dem Begeisternden, nach dem Aufregenden. Das Ziel ist das Lebensfeuer der Kundalini, das Erlebnis des ungehemmten Selbstausdrucks.

Der Apolliniker hat als Methode die Betrachtung, die Konzentration, die Imagination, das Ordnen, das Einfügen, das organische Wachstum, die Kooperation, die Widerspruchsfreiheit in der Motivation und in der Umsetzung …

Der Dionysiker hat als Methode das Lachen, den Spaß, die Ekstase, die Sexualität, die heftigen Gefühle, die Steigerung, den Widerspruch, den Kampf, die Überwindung, den Rausch, die Egozentrik in der Motivation und der Umsetzung …

Diese beiden Beschreibungen sind jetzt sicherlich weder vollständig noch ganz frei von subjektiven Verzerrungen durch mich, aber vielleicht zeigen sie, daß man auf verschiedene Weise Telepathie und Telekinese anregen und entstehen lassen kann.

9. Telekinese für Fortgeschrittene

Bei der Telepathie ließen sich die Erlebnisse und Erkenntnisse gut in zwei Bücher aufteilen: „Telepathie für Anfänger" und „Telepathie für Fortgeschrittene". Bei der Telekinese habe ich jedoch so wenig Erfahrungen mit „fortgeschrittener Telekinese", daß es nur für ein Kapitel „Telekinese für Fortgeschrittene" und nicht für ein ganzes Buch reicht.

9. a)   eine fliegende Kerze

Den deutlichsten Fall von fortgeschrittener Telekinese habe ich am Anfang meiner Zeit als „Zauberlehrling" erlebt, als mein Zauberlehrer Axel zusammen mit mir in seinem Zimmer einen Dämon beschworen hat. Dabei hat eine Kerze, die auf einem Halter an der Wand stand, wie von einem Unsichtbaren einen heftigen Schlag erhalten, durch den die Kerze durchs Zimmer flog und dann in eine Ecke gerollt ist.

9. b)   große Lasten heben

 Auch das schon angeführte Beispiel der Mutter, die einen LKW anhebt, um ihr Kind, das unter dem Rad eingeklemmt ist, retten zu können, ist ein eindeutiger Fall von fortgeschrittener Telekinese.

9. c)   Fernstöße

Ein anderes Beispiel sind „Fernstöße", über die mir Frater V.D. erzählt und die er selber erlebt hat und auch ausführen kann. Da ich ihn schon lange kenne, glaube ich ihm, daß so etwas möglich ist – und man kann ja auch spüren, ob jemand so etwas kann, woran ich bei ihm keinen Zweifel habe.

 Bei einem solchen „Fernstoß" macht eine Person eine stoßende Geste in die Richtung einer anderen, mehrere Meter entfernte Person, die dadurch ohne jeden physischen Kontakt einen Stoß erhält und evtl. umfällt. Diese Methode ist auch Geste möglich.

 Derartige Techniken finden sich im fernöstlichen Kampfsport und bei militärischen Eliteverbänden.

9. d) Hypnose

Bei der Ausweitung des eigenen Bewußtseins auf andere Menschen, wodurch man diese Menschen lenken kann, ist es unklar, ob man das zu der fortgeschrittenen Telekinese rechnen soll. Da ich selber recht viel Erfahrungen mit Hypnose habe, scheint mir das eine Art von „fortgeschrittener Hypnose" zu sein, bei der man mit dem eigenen Bewußtsein mehr oder weniger vollständig die Kontrolle über den Kör-per des anderen Menschen übernimmt.

Mit „vollständiger Kontrolle" ist gemeint, daß man z.B. einen anderen Menschen dazu bringen kann, sich vorübergehend für einen Hund zu halten und auf allen Vieren zu laufen und jemand dritten zu beißen.

9. e) „Analogie-Telekinese"

Es gibt eine Form der Telekinese, bei der auch eine Analogie benutzt wird. Dieser Versuch wird Aleister Crowley zugeschrieben – ob diese Zuordnung stimmt, ist wie bei solchen Dingen immer zweifelhaft. Der Versuch selber klingt jedoch plausibel.

Eine Person geht hinter einer anderen gehenden Person her und imitiert möglichst genau deren Art zu gehen. Dadurch wird eine Analogie-Bindung zwischen den beiden Personen hergestellt. Durch diese Bindung kann die zweite (hintere) Person durch eine plötzliche eigene Bewegung die erste Person so ins Straucheln bringen, daß diese hinfällt.

Diesen Versuch kann man der „Lenkung von Menschen" zurechnen, wobei hier mehr Gesten benutzt werden als z.B. bei der Fernhypnose.

9. f) den Umraum wahren

Die Ausweitung und Generalisierung dieses „Lenkens von Menschen" ist die Kon-trolle des eigenen erweiterten Umraums – also nicht nur die Eigenständigkeit innerhalb des Umkreises von einem halben Meter wie bei den zehn geschilderten „Spielen", sondern in einem Umkreis von zehn Metern.

Es ist ein ziemlich heftiges Erlebnis, neben einem Menschen zu sitzen, der diese erweiterte Umraum-Kontrolle hat – es ist schwer, in seinem Bereich den eigenen Raum zu wahren und den eigenen Kurs beizubehalten.

Ansätze zu dieser Fähigkeit der „Umraum-Kontrolle" finden sich bei Menchen, die einen Raum „füllen", sobald sie ihn betreten – ohne daß sie dafür irgendetwas machen müßten. Diese Menschen sind tendenziell dominant, d.h. sie gehören meistens zu dem Süchtiger/Täter/Star-Extrem – möglicherweise ist die „Umraum-Kontrolle" aber nicht notwendigerweise an dieses Extrem gebunden.

9. g) Leviation

Eine andere Art von Telekinese sind Levitationen, also das Schwebenlassen von Gegenständen oder von sich selber, was ich zwar noch nicht selber erlebt habe, aber das aus so unterschiedlichen Kulturen wie den indischen Yogis und den christlichen Heiligen berichtet wird. Das beweist dieses Phänomen zwar nicht, aber es macht es immerhin so wahrscheinlich, daß man es mitbedenken sollte.

Das schon angeführte Heben von Menschen nur mit den Zeigefingern ist zwar keine Levitation, aber immerhin der Levitation recht ähnlich.

9. h) Materialisierungen

Sollte man auch Materialisierungen zur Telekinese rechnen? Telekinese ist ja streng genommen das Bewegen von Gegenständen ohne physischen Kontakt. Bei Materialisierungen erscheint (oder verschwindet) jedoch ein Gegenstand vollkommen. Es ist letztlich jedoch egal, ob man Materialisierungen zu der Telekinese hinzurechnet oder nicht, da beides auf jeden Fall ein verwandter Vorgang ist, sodaß das Erleben einer Materialisierung die Möglichkeit von fortgeschrittener Telekinese deutlich wahrscheinlicher macht.

Mein deutlichstes Erlebnis mit einer Materialisierung ist schon einige Jahre her. Damals hatte ich eine größere Krise und habe mich gefragt, wie es jetzt weitergehen soll. Schließlich bin ich zu dem Schluß gekommen, daß ich wirklich restlos alles loslassen muß, damit sich das, was ich eigentlich bin, zeigen kann. Zu der Zeit bin ich in Offenburg bei einer Freundin zu Besuch gewesen.

Bei diesem Entschluß stand ich gerade an einem Kreisel in der Mitte einer Kreuzung, wobei dieser Kreisel als Fußgängerüberweg eingerichtet gewesen ist – man konnte von allen Seiten her in die Mitte gehen und von dort aus dann dorthin, wo man hinwollte. Dieser kleine kreisförmige Platz in der Mitte des Kreisels ist ringsum von ungefähr acht etwa mannshohen, aufrechten Steinen umgeben – ein „Mini-Stonehenge". Da bin ich zu einem dieser Steine gegangen und habe mich vor ihn hingehockt und habe die goldene Christus-Kette und die silberne Drachen-Kette, die ich damals beide ständig getragen habe, ausgezogen und vor den Stein auf die Erde gelegt und gesagt: „Für den, für den sie bestimmt sind." Dann habe ich sie noch kurz angeschaut und bin dann fortgegangen.

Ca. drei Monate später bin ich von Freiburg nach Bonn unterwegs gewesen und hatte auf dem Bahnhof von Offenburg eineinhalb Stunden Aufenthalt. Irgendetwas zog mich zu dem Steinkreis-Kreisel und obwohl ich mir gesagt habe, daß es albern und sentimental ist, an meine beiden Ketten zu denken, bin ich dem Impuls gefolgt und bin dorthin gegangen. Als ich dort ankam, habe ich mich vor den Stein gehockt, an dem ich meine beiden Ketten niedergelegt hatte. Natürlich waren sie nicht mehr da – Gold und Silber bleiben auf einem belebten öffentlichen Platz nicht lange liegen …

Ich war ein bißchen traurig darüber, daß ich die beiden Ketten nicht mehr hatte. Als ich dann aufstehen und wieder gehen wollte, habe ich noch einmal an den Fuß des Steins geschaut – und auf einmal lagen dort wieder meine beiden Ketten. Ich kann kaum beschreiben, wie sich das angefühlt hat. Das war eigentlich nicht möglich – das war wirklich Magie oder etwas noch größeres.

Entweder hatten sich die beiden Ketten gerade wieder materialisiert (und vorher „entmaterialisiert") oder die beiden Ketten sind drei Monate lang unsichtbar gewesen. Die Materialisierung erscheint mir wahrscheinlicher, da der Platz sehr sauber war und offensichtlich regelmäßig gekehrt und alles Unkraut u.ä. entfernt worden ist.

9. i) Ergebnisse

Man kann sich fragen, ob die Unterscheidung von einfacher und fortgeschrittener Telekinese überhaupt sinnvoll ist.

Der Unterschied, der mir dafür zu sprechen scheint, diese beiden Formen zu trennen, ist der Gegensatz zwischen der Papierrädchen-Telekinese, die sich jederzeit und von fast jedem durchführen läßt, aber sehr schwach ist, und solchen Handlungen wie dem Anheben eines LKWs in einem Notfall, die spontan auftreten, aber bei denen die Telekinese sehr stark ist.

Die verschiedenen Varianten des Hepp-Versuchs scheinen mir zu der einfachen, gewöhnlichen Telekinese zu zählen, da sie jederzeit von jedem durchgeführt werden können.

Die Fernstöße in der Kampfkunst oder die Schläge (von einem „Unsichtbaren") gegen Kerzen bei Dämonen-Beschwörungen sind hingegen fortgeschrittene, außergewöhnliche Telekinese mit einer großen Wirkung, die jedoch spontan auftritt.

Es ist jedoch auch möglich, die fortgeschrittene Telekinese mit einer nicht vollkommenen, aber doch einigermaßen regelmäßigen Zuverlässigkeit zu erlernen. Die

Grundlage dafür ist – soweit ich das erkennen kann – das Erlernen der Kontrolle über den eigenen erweiterten Umraum einschließlich der Menschen, Tiere, Pflanzen und sonstigen Dinge in diesem Umraum. Diese „kriegerische Form der Magie", wenn man sie einmal so nennen will, ist jedoch etwas, dem ich bisher ausgewichen bin und mit der ich noch kaum Erfahrungen habe – ich prüfe derzeit noch, ob und wenn ja, in welcher Form ich das eigentlich erlernen will.

Die außergewöhnliche Telekinese muß jedoch nicht zwangsweise kriegerisch sein wie z.B. die Berichte über die Aboriginals in Australien zeigen, die durch ein gemeinsames Ritual per Telekinese den Knochenbruch eines ihrer Stammesmitglieder heilen können. Ich bin zwar noch bei keiner derartigen Heilung selber dabei gewesen, aber eine Freundin von mir, die eine sehr stark verkrümmte Wirbelsäule gehabt hat, ist von dem vor einigen Jahren verstorbenen zyprischen Heiler Daskalos durch „Handauflegen" behandelt worden, woraufhin sie anschließend eine vollkommen gerade Wirbelsäule gehabt hat und Tänzerin werden konnte – die Röntgenbilder ihrer Wirbelsäule vor und nach der Heilung hatten nicht viel Ähnlichkeit miteinander …

Auch eine solche Heilung ist ein invasiver Vorgang, also ein massiver Eingriff von außen, aber er dient nicht der Selbstdurchsetzung gegen andere, sondern der Heilung eines anderen. Das schließt sich natürlich beides nicht gegenseitig aus, aber die Erweiterung der eigenen Möglichkeiten auf solche Formen der Telekinese erfordert natürlich ein Überprüfen der eigenen Grundsätze.

Diese Maßstäbe für das eigene Verhalten werden wie in allen Lebensbereichen bei jedem Menschen anders sein – und diese Maßstäbe werden bei diesen fortgeschrittenene Formen der Magie dieselben sein wie auch im übrigen Leben, aber ein wenig Bewußtheit im Umgang mit dieser „außergewöhnlichen Telekinese" kann nicht Schaden.

10. Telekinese-Modelle

Für einen Bereich, der so wenig erforscht ist, ist es schwierig, ein Modell zu entwerfen – es ist bestenfalls eine Arbeitshypothese möglich.

10. a) Lebenskraft

Das einfachste und bislang auch das einzige bekanntere Modell ist die Lebenskraft, die man aussendet und damit die Lebenskraft eines Gegenstandes und somit auch den Gegenstand selber bewegt. Dieses Modell hat den Vorteil, daß es eine gute Grundlage bildet, um bei der Ausübung der Telekinese ein hilfreiches Bild imaginieren zu können: z.B. einen Lichtstrahl, der von der Hand ausgeht und das Papierrädchen anschiebt und dreht.

Dieses Modell hat weiterhin den Vorteil, daß man mit dem Begriff „Lebenskraft" auch solche Empfindungen wie den Druck in den Handflächen bei Lebenskraft-Heilungen oder beim Aufnehmen von Sonnenlicht, das Drehen in den Chakren, die Hitze der Kundalini u.ä. beschreiben kann.

Das Konzept und der Begriff der Lebenskraft hilft also zumindestens schon einmal, verschiedene magische Phänomene wie Telekinese und Telepathie einheitlich zu beschreiben.

Ein weiterer Vorteil ist, daß es in vielen alten Sprachen und Kulturen Begriffe für diese Lebenskraft gibt wie z.B. das ägyptische „Ankh", das indische „Prana" und der „Heilige Geist" des Christentums. Der Begriff der Lebenskraft ermöglicht also den Anschluß an gleich mehrere alte Weltbilder.

Auch in einigen Heilungsmethoden ist die Lebenskraft ein zentrales Element – z.B. im Reiki und in der Homöopathie. Ebenso läßt sich das grundlegende magisch-spirituelle Erlebnis der Astralreise mithilfe der Lebenskraft als die vorübergehende Trennung des Lebenskraftkörpers eines Menschen von seinem physischen Körper beschreiben.

Wenn man jedoch genauer definieren will, was Lebenskraft ist und wie sie sich verhält, wird es schwieriger. Man kann jedoch einige Eigenschaften der Lebenskraft beschreiben:

- Sie ist eine Art nicht-physikalischer „Kraft-Substanz", d.h. sie kann wie eine Substanz bewegt werden und sie kann wie eine Kraft eine Wirkung ausüben.

- Sie kann als Hitze gespürt und als milchigweißes Leuchten mit leichtem Blauschimmer wahrgenommen werden.

- Die Lebenskraft kann Informationen enthalten, d.h. sie kann geprägt werden – z.B. beim Senden einer telepathischen Nachricht.

- Sie kann sich selber organisieren und zu einem Lebenskraftkörper werden, der zu einem Menschen, einem Tier, einer Pflanze, einem Stein, einem See, einem Stern, einer Gottheit usw. gehört – letztlich ergibt sich daraus ein pantheistisches Weltbild, also die Vorstellung einer insgesamt belebten Welt, die in jedem kleinsten Element sowohl Leben als auch Bewußtsein enthält.

- Die gesamte Psyche ist ein Inhalt des Lebenskraftkörpers. „Psyche" und „Lebenskraftkörper" sind also weitgehend dasselbe, nur das man bei der Psyche normalerweise nicht davon ausgeht, daß sie den Körper verlassen kann – abgesehen von dem Vorgang, der in der Psychologie als „Dissoziation" beschrieben wird.

Die Lebenskraft ist also Substanz, Psyche, Geister/Götter und Information.

Der Umstand, daß sich die Lebenskraft nur beschreiben, aber nicht erklären läßt, ist kein Argument gegen sie, denn jede Wissenschaft besteht nur aus Beobachtungen, die anschließend beschrieben werden. Dabei wird danach gestrebt, Regelmäßigkeiten in verschiedenen Phänomenen zu finden und diese dann auf eine möglichst einfache und umfassende Weise zu beschreiben – bis man letztlich die „Weltformel" gefunden hat.

Wissenschaft ist also nichts anderes als die systematische, möglichst einheitliche und widerspruchsfreie Beschreibung von Beobachtungen.

Etwa anderes ist auch in der Magie nicht möglich: Man führt Experimente durch, beobachtet die dabei auftretenden Phänomene, sucht nach Regelmäßigkeiten, beschreibt diese Regelmäßigkeiten, zieht aus den Regelmäßigkeiten Schlußfolgerungen und überprüft diese Schlußfolgerungen mithilfe von neuen Experimenten.

Im Idealfall ergeben sich aus den beschriebenen Regelmäßigkeiten, die insgesamt das „Modell" bilden, die eine oder andere praktische Anwendungsmöglichkeit – in der Physik z.B. der Bau eines Flugzeugs und in der Magie z.B. eine Heilungsmöglichkeit.

10. b) Yesod und Da'ath

Wie in vielen Bereichen der Magie scheint es auch bei der Telekinese zwei Bereiche zu geben: eine einfach und so gut wie jederzeit herstellbare Form, die recht schwach ist, und eine deutlich schwerer herstellbare Form, die sehr viel stärker ist, aber die nicht so einfach verläßlich und jederzeit abrufbar ausgeführt werden kann.

Man kann diese zwei Formen der Magie mithilfe von zwei Begriffen aus der

Kabbala beschreiben: Yesod (gewöhnliche Magie) und Da'ath (außergewöhnliche Magie). Im ersten Fall wirkt nur die Lebenskraft des eigenen Lebenskraftkörpers (Yesod), im zweiten Fall wirkt auch die Lebenskraft einer Gottheit (Da'ath).

Der Unterschied zwischen diesen beiden Formen der Magie wird z.T. auch in der Fantasy-Literatur beschrieben wie z.B. in der „Erdzauber"-Trilogie von Patricia McKillip oder in der „Königsmörder"-Trilogie von Patrick Rothfuss.

Um systematisch und nicht nur spontan aus einer Notsituation o.ä. heraus „außergewöhnliche Telekinese" ausüben zu können, braucht man einen Zugriff auf Da'ath, also auf den abgrenzungslosen Bereich, in dem die Gottheiten sind – was u.a. bedeutet, daß man in der Lage sein muß, die eigene Abgrenzung zur Welt hin aufzugeben. Möglicherweise klingt das sehr abstrakt, aber dieser Vorgang ist ausgesprochen konkret und intensiv. Er wird von fast allen Mystikern auf ihrer „Reise zu Gott" geschildert.

Dieser „abgrenzungslose Zustand" wird u.a. auch von Buddha als die vier abgrenzungslosen Eigenschaften beschrieben: grenzenloser Gleichmut (Gelassenheit), grenzenloses Mitgefühl (alles wahrnehmen), grenzenlose Liebe (alles als Einheit erleben) und grenzenlose Freude (im Einklang mit allem sein).

Diese Grenzauflösung ist u.a. auch die Ausdehnung des eigenen Bewußtseins und der eigenen Handlungsfähigkeit auf den Umraum – die „Wunder".

Der Schritt in diesen abgrenzungslosen Zustand hinein befindet sich stets an derselbe Stelle auf diesem Weg – egal, welches System man benutzt und wie stark dieser Weg differenziert worden ist: Er ist auf dem Weg vom Hier zum Jetzt zu der Einheit (Gott, Nirvana) das vierte Fünftel, also der vierte Teil, wenn man diesen Weg in fünf gleiche Teile zerlegt.

1. Der Ausgangspunkt ist der eigene Körper in der Welt im Hier und Jetzt – man betrachtet die Dinge von außen her. Hier ist man außen-orientiert (Kabbala: Malkuth).

2. Durch Meditation, Gebete, Traumreisen, Rituale, Magie u.ä. wird die Welt der Lebenskraft entdeckt – man betrachtet die Dinge von innen her und sieht sie als meistens als leicht unscharfe und nur wenig farbige Vision in einem Raum, der von einem diffusen Licht erfüllt ist. Hier ist man Lebenskraft-orientiert (Kabbala: Yesod).

3. Hinter dem Bereich der Lebenskraft findet man die eigene Seele – die von innen her intensiv und farbig leuchtet. Hier ruht man in sich selber und strahlt aus der eigenen Mitte heraus (Kabbala: Tiphareth).

4. Durch das „in sich selber ruhen" braucht man keine Abgrenzung nach außen hin mehr und kann sich als Teil eines alles umfassenden Kontinuums erleben – hier erscheinen die Gottheiten als leuchtende Konturen im Licht.

Man selber wird zu einem Teil des „Meeres der Gottheit", von der die eigene Seele ein „Tropfen" ist (Kabbala: Da'ath).

5. Schließlich erreicht man die allem zugrundeliegende Einheit, Gott, das gleißend-weiße Licht (Kabbala: Kether).

Dies ist nur eine sehr kurz gefaßte Schilderung dieses Weges, die ein wenig Orientierung geben soll, was mit dem Bereich gemeint ist, von dem aus die außergewöhnliche Magie und auch die außergewöhnliche Telekinese ausgeübt werden kann, von dem aus also „Wunder" vollbracht werden können.

In Indien wird dieser Weg durch das Yoga beschrieben. Die dabei auftretende Fähigkeit, Wunder („Siddhis") zu vollbringen, wird in Indien eher skeptisch und vor allem als Ablenkung vom Wesentlichen betrachtet.

In Tibet heißt dieser Weg „Lamrim". Im Gegensatz zu Indien wird in Tibet das Auftreten von Wundern geradezu erwartet und als Beweis für den inneren Fortschritt gewertet.

Im Judentum sind die Wunder der Propheten als Gottes-Geschenke aufgefaßt worden.

Das Christentum hat eine sehr ähnliche Ansicht und vertritt vehement (entgegen den Aussagen von Christus selber) die Ansicht, daß Menschen nicht dieselben Wunder wie Christus vollbringen können.

Bei den Sufis im Islam sind die Wunder ebenfalls gut bekannt, aber es gibt dort die Tradition, über diese Wunder nicht zu sprechen, um keine störende Aufmerksamkeit auf sich zu ziehen.

In der Magie sind die Wunder, also die „außergewöhnliche Magie" selber das Ziel – die Entwicklung hin zu dem Zustand der Abgrenzungslosigkeit ist hier nur ein Mittel zum Zweck, das allerdings den Magier, der diesen Zustand erreicht, durchaus grundlegend verändern kann.

10. c) Bewußtseins-Ausdehung

Das zweite Modell verzichtet ganz auf das Konzept der Lebenskraft und beschreibt die Telekinese und auch alle anderen Formen der Magie mithilfe der Ausdehnung des Bewußtseins auf den Umraum sowie die Dinge, Pflanzen, Tiere und Menschen in diesem Umraum.

Dieses Modell ist sehr viel schlichter und einfacher, da ihm nur die Annahme zugrundeliegt, daß das Bewußtsein alles wahrnehmen und lenken kann, auf das es sich ausdehnt – so als wenn diese vom eigenen Bewußtsein „eroberten Dinge" zu einem Teil des eigenen Körpers werden würden.

In diesem Magie-Modell gibt es auch kaum noch eine Technik, denn man tut einfach – so wie man seine Hand bewegt.

Man kann sich natürlich fragen, wie aus diesem Modell heraus der beobachtete Unterschied zwischen der gewöhnlichen Magie und der außergewöhnlichen Magie erklärt werden kann – vermutlich einfach durch die Qualität der Bewußtseins-Ausdehnung:

> - Bei der gewöhnlichen Magie in Yesod weitet man sein Bewußtsein nur ein wenig aus, d.h. man streckt seine Wahrnehmung und seine Handlungsfähigkeit ein Stück weit nach etwas außerhalb des eigenen Körpers aus.

> - Bei der außergewöhnlichen Magie in Da-ath löst man seine Grenzen nach Außen hin vollständig auf und kann daher sein eigenes Bewußtsein beliebig auf etwas anderes ausdehen und dies dann in hohem Maße beeinflussen.

Wie kann man aus diesem Modell heraus die „Telekinese-Konstante" erklären? Vermutlich bleibt sie erst einmal noch ein Rätsel …

Man könnte vermuten, daß bei der gewöhnlichen Telekinese (Yesod) nur ein bestimmter „Teil" des Bewußseins, eine bestimmte „Menge" an Bewußtsein oder ein ähnlich eingeschränktes Maß an Einfluß zu einem anderen Gegenstand oder Ding gelangen kann – aber das ist letztlich auch nur eine Beschreibung des Beobachteten und setzt diese Beobachtung nicht mit einem anderen Phänomen in Verbindung.

10. d)   Bewußtseins-Ausdehnung und Lebenskraft

Wenn man die Lebenskraft als die Wahrnehmung eines Bewußtseins durch ein anderes Bewußtsein auffaßt, wird die Lebenskraft zu einem Element in dem „Bewußtseins-Ausdehungs"-Modell. Dann ist die Lebenskraft keine „nicht-physikalische Substanz" mehr, sondern eben ein Bild im eigenen Bewußtsein, das entsteht, wenn man etwas direkt von Bewußtsein zu Bewußtsein, also telepathisch wahrnimmt. Das würde u.a. erklären, wieso bei der Telekinese Gesten hilfreich sein können – sie erleichtern die Ausdehnung des Bewußtseins auf etwas, das sich außerhalb des eigenen Körpers befindet.

Mit dieser Wahrnehmung ist nicht die Wahrnehmung des Bewußseins wie in der Meditation gemeint, also die direkte Selbstwahrnehmung „von innen her", sondern die Wahrnehmung des Bewußtseins „von außen her" in einem anderen Menschen oder Gegenstand oder auch z.B. in der eigenen Hand mithilfe der Telepathie.

Diese Interpretation der Lebenskraft läßt sich vermutlich mithilfe einer Übersicht etwas leichter verständlich machen. Es gibt zunächst einmal fünf Richtungen, in denen eine Wirkung stattfinden kann:

- vom Körper zum Körper: Physik
- vom Körper zum eigenen Bewußtsein: Wahrnehmung
- vom Bewußtsein zum eigenen Körper: Handlungsimpuls
- vom Bewußtsein zum eigenen Bewußtsein: Selbstwahrnehmung
- vom Bewußtsein zu einem anderen Bewußtsein: Telepathie, Telekinese

Wenn sich das Bewußtsein selber direkt wahrnimmt, ist das einfach das Selbstgewahrsein: Ich bin mir bewußt, daß ich mir meiner selber bewußt bin. Dafür ist keinerlei Umweg, keinerlei Hilfsmittel o.ä. nötig.

Wenn man jedoch ein anderes Bewußtsein wahrnimmt, ist dieses Bewußtsein zunächst nicht direkt mit dem eigenen Bewußtsein verbunden, d.h. es muß ein Wahrnehmungsvorgang stattfinden. Ein Wahrnehmungsvorgang erschafft jedoch ein „Bild": das Bild beim Sehen, den Ton beim Hören, den Duft beim Riechen usw. Auch die telepathische Wahrnehmung eines anderen Bewußtseins sollte daher ein solches Bild erschaffen – und die „Substanz" dieses „Bildes" ist die Lebenskraft.

Vermutlich ist dies eine optische Wahrnehmung, weil das Bewußtsein der Menschen vor allem von optischen Eindrücken erfüllt ist, da das Sehen die bei weitem wichtigste Sinneswahrnehmung des Menschen ist. Die Lebenskraft hat sich vermutlich das milchigweiße Leuchten einfach von den optischen Erinnerungen im Gehirn „ausgeliehen" – und ergänzt sie ab und zu durch Wärmempfindungen wie z.B. bei der Kundalini.

Daraus ergibt sich im Umkehrschluß, daß die Fähigkeit, willentlich Symbole u.ä. zu imaginieren, also sie sich lebhaft optisch vorzustellen, die Lebenskraft lenken kann – wobei Lebenskraft hier wieder die Wahrnehmung des Bewußtsein ist. Diese willentliche Imagination ist das Kernstück der Magie: Durch das innere Bild erlangt man den Kontakt mit der Lebenskraft, d.h. mit der Bewußtseinsseite der Dinge, auf die sich diese Imagination richtet. Durch diese Bilder weitet man sein eigenes Bewußtsein auf das Bewußtsein eines anderen Menschen, eines Gegenstandes oder einer ganzen Situation aus.

Die Lebenskraft ist nach diesem Modell die optische Darstellung der Wahrnehmungen zwischen dem eigenen Bewußtsein und einem anderen Bewußtsein.

- - -

Eine genauere Beschreibung der Zusammenhänge zwischen der Physik und der Lebenskraft sowie ein detaillierteres Modell der Magie findet sich in meinen beiden Büchern „Physik und Magie" und „Die Magie-Formel".

11. Das Erlernen der Telekinese

Eine allgemeine Anleitung zu geben, um etwas zu erlernen, ist letztlich nicht möglich, weil die Menschen zu verschieden sind – „jeder Jeck ist anders", wie man hier im Rheinland sagt.

Es ist aber immerhin ansatzweise möglich, eine Landkarte des Bereichs zu skizzieren, in dem man sich bewegt – wobei auch da keineswegs immer Einigkeit zwischen allen, die sich mit dem Thema befassen, bestehen muß. Das Folgende ist letztlich also auch vor allem „meine Landkarte".

Um die Telekinese zu erlernen gibt es nichts besseres als Telekinese auszuprobieren – ohne praktische Erfahrung kann keine Vertrautheit mit einem Thema und keine Sachkenntnis in diesem Bereich entstehen.

Es ist also sinnvoll, die in diesem Buch beschriebenen Versuche selber durchzuführen: das Drehen des Papierrädchens, die „Umraum-Spiele" und die verschiedenen Varianten des „Hepp-Versuchs".

Da Telekinese und Telepathie eng miteinander verwandt sind, sind auch alle Telepathie-Übungen und Telepathie-Spiele hilfreich, um die Telekinese besser kennenzulernen. Auch die Hypnose gehört zu diesen Telepathie/Telekinese-Phänomenen.

Diese „Psi-Phänomene" sind eng mit der Lebenskraft verbunden oder lassen sich zumindestens mithilfe der Lebenskraft beschreiben. Daher sind auch alle Aktivitäten, die mit der Lebenskraft zu tun haben und die deshalb dafür geeignet sind, einen bewußteren Kontakt mit der Lebenskraft zu erhalten, für das Erlernen der Telekinese hilfreich: Atemübungen (Pranayama), Lebenskraft-Lenkung, das Ertasten oder Sehen von Akupunktur-Punkten und -Meridianen, Traumreisen, Weihungen, Reiki, das Ziehen von Schutzkreisen, Invokationen ... also letztlich so gut wie alle Bereiche der Magie.

Entsprechend der eigenen Veranlagung und den eigenen Neigungen wird man wahrscheinlich bald einen Schwerpunkt entwickeln: Heilungen, Weihungen, Hypnose, Kampfmagie, Talisman-Magie, Invokationen, Evokationen ... Der Bereich, der einem am meisten liegt, wird wahrscheinlich auch der Bereich sein, in dem man am schnellsten Erfolge erzielen wird.

Generell ist bei allem, was man tut, eine klare Motivation förderlich: Erkenntnis, Macht, Neugier, Forschergeist, Heilungswunsch ... Das gilt auch für die eigene Beschäftigung mit der Telekinese.

Es gibt noch ein weiteres Element, daß bei so gut wie allen Unternehmungen hilfreich ist: Man kann zu Beginn seiner Forschungen „oben" um Hilfe bitten – bei der eigenen Seele, bei einer Gottheit – wo auch immer. Das hat den Vorteil, daß einem die passenden Gelegenheiten, sachkundige Menschen, informative Bücher und ähnliches gesandt werden ...

Bücher von Harry Eilenstein

Astrologie

- Astrologie (496 S.)
- Photo-Astrologie (428 S.)
- Die astrologischen Aspekte (88 S.)
- Horoskop und Seele (120 S.)

Magie

- Handbuch für Zauberlehrlinge (408 S.)
- Telepathie für Anfänger (60 S.)
- Telepathie für Fortgeschrittene (52 S.)
- Tarot (104 S.)
- Physik und Magie (184 S.)
- Die Magie-Formel (156 S.)
- Krafttiere – Tiergöttinnen – Tiertänze (112 S.)
- Schwitzhütten (524 S.)

Meditation

- Der Lebenskraftkörper (230 S.)
- Die Chakren (100 S.)
- Das Chakren-System mit den Nebenchakren (296 S.)
- Meditation (140 S.)
- Drachenfeuer (124 S.)
- Reinkarnation (156 S.)

Kabbala

- Kursus der praktischen Kabbala (150 S.)
- Eltern der Erde (450 S.)
- Blüten des Lebensbaumes:
    - Die Struktur des kabbalistischen Lebensbaumes (370 S.)
    - Der kabbalistische Lebensbaum als Forschungshilfsmittel (580 S.)
    - Der kabbalistische Lebensbaum als spirituelle Landkarte (520 S.)

Religion allgemein

- Muttergöttin und Schamanen (168 S.)
- Göbekli Tepe (472 S.)
- Totempfähle (440 S.)
- Christus (60 S.)

- Dakini (80 S.)
- Vajra (76 S.)

Ägypten

- Hathor und Re 1: Götter und Mythen im Alten Ägypten (432 S.)
- Hathor und Re 2: Die altägyptische Religion – Ursprünge, Kult und Magie (396 S.)
- Isis (508 S.)

Indogermanen

- Die Entwicklung der indogermanischen Religionen (700 S.)
- Wurzeln und Zweige der indogermanischen Religion (224 S.)

Germanen

- Die Götter der Germanen (87 Bände)
- Odin (300 S.)

Kelten

- Cernunnos (690 S.)
- Der Kessel von Gundestrup (220 S.)
- Der Chiemsee-Kessel (76)

Psychologie

- Über die Freude (100 S.)
- Das Geheimnis des inneren Friedens (252 S.)
- Das Beziehungsmandala (52 S.)
- Gefühle und ihre Verwandlungen (404 S.)
- einsgerichtet (140 S.)
- Liebe und Eigenständigkeit (216 S.)
- Von innerer Fülle zu äußerem Gedeihen (52 S.)
- Die Symbolik der Krankheiten (76 S.)

Kunst

- Herz des Tanzes – Tanz des Herzens (160 S.)

Drama

- König Athelstan (104 S.)